FRÉDÉRIC LIONEL

DIE
HEILIGE
ASTROLOGIE

Kosmische Architektur –
Einsicht in eine verborgene Welt

AURUM VERLAG
FREIBURG IM BREISGAU

Mit 15 Schwarzweißabbildungen.

CIP-Kurztitelaufnahme der Deutschen Bibliothek

Lionel, Frédéric:
Die Heilige Astrologie: kosm. Architektur –
Einsicht in e. verborgene Welt/Frédéric Lionel. –
Freiburg im Breisgau: Aurum Verlag, 1987.
ISBN 3-591-08246-5

1987
ISBN 3 591 08246 5
© by Aurum Verlag GmbH & Co KG, Freiburg im Breisgau.
Gesamtherstellung: Benziger AG, Graphisches Unternehmen,
Einsiedeln/Schweiz.
Printed in Switzerland.

Dank, Felipe Garcia! Ihnen widme ich dieses Buch. Ich begegnete Ihnen in den großen Wirren Ihres vom Bürgerkrieg verwüsteten Vaterlandes. Als meine Schritte, unbeabsichtigt und unvorhergesehen, ganz zufällig, Ihren Weg kreuzten, waren Ihre ersten Worte:»Ich habe Sie erwartet.«»Wie ist das möglich?«, entgegnete ich erstaunt und ungläubig, war ich doch selbst ohne jegliche Absicht hierher gekommen.»Der Zufall«, erwiderten Sie damals lächelnd, ».. . oder das inkognito waltende Gesetz.«

Spätere Erfahrungen bestätigten die Richtigkeit Ihrer Worte; Ihre Lehren hatten mir den Weg in die Arkane einer Welt gewiesen, in der das Unerkannte wirkt. Dieses Unerkannte aufzuspüren und uralte Weisheit wieder zu entdecken, wurde mir zur Aufgabe. Sie unverwechselbar als die meinige zu erkennen – dazu gaben Sie den entscheidenden Anstoß; ich werde es nicht vergessen.

INHALT

VORWORT

Der Griff nach den Sternen – ob mit den Gedanken oder der zur Technik geronnenen Phantasie – setzt das große Staunen vor dem bestirnten Himmel über uns voraus; wir kennen es, seit es den Menschen gibt, und mit dem Menschen selbst hat sich das Staunen gewandelt. Das einst Ungreifbare – vielleicht ist es heute wirklich greifbarer. Doch wer wollte sagen, daß es damit auch begreifbarer ist? Denn eines im Wechsel der Erscheinungen, die der Mensch provozierte und mit denen er auch die Geschichte der Astronomie und der Astrologie versah, blieb: Das Wesen der Sterne, unabhängig von ihrem Erkanntwerden, von ihrer Deutung durch den, der in ihrem Beziehungsnetz lebt, handelt und denkt. Auch deshalb ihre Faszination: extraterrestrisch und ein möglicher Standort für die Beantwortung zumindest einer der menschlichen Kardinalfragen, derjenigen seiner Herkunft. Doch zwischen beiden Polen im »Umgang« mit den Sternen pendelten die Kenntnisse und Erkenntnisse von Jahrtausenden, konturierte sich an der »Transzendenz«, was Astrologie heißt, kontu-

11

rierte sich an der »Immanenz«, was Astronomie heißt – in gegenseitiger Fehde, weil Transzendenz und Immanenz so schwer versöhnbar, solange der Mensch dem Produkt seiner Begriffe mehr Achtung zollt als der Motivation, sie zu entwerfen. Übrig bliebe ein uns ausschließender, ein unverbindlicher Kosmos, eine Negation desjenigen, das wir suchten, dessen Lebendigkeit uns gerade helfen sollte, unser Leben besser zu verstehen. Wie sehr bewegen wir uns im Kreis, weshalb verlieren wir uns im Kosmos, je intensiver wir nach der Einheit alles Lebendigen suchen?

Das Drama der Dualität, in der uns Welt begegnet, legt die Weise unserer Suche fest und begrenzt den Erfolg des Erkennens auf die Möglichkeiten, unter denen Erkenntnis stattfindet. Von dort bis zur Einheit des Lebendigen ist ein Weg, den wir gerade nicht entwerfen, vorzeichnen und programmieren können. Das Drama der Dualität läßt sich nicht übertölpeln und aus einer Welt räumen, die es ja schon ist. Deshalb enden alle wissenschaftlichen Erkenntniswege zwangsläufig dann, wenn ihre partiellen Aussagen auf ein Umfassendes bezogen werden, das allenfalls »das Gesetz, unter dem sie angetreten«, doch nicht das greifbare, formulierbare Ergebnis nach getaner Arbeit des Denkens sein kann. So verfehlen wir unser Ziel, wenn wir es vor Augen haben, so verfehlen wir die Einheit des Lebendigen, weil wir bereits zu ihr gehören. Doch zu suchen aufhören, können wir nicht, wollen wir nicht; die Diskrepanz ist zu schmerzhaft. Ohne Antwort zu sein, sich drein zu schicken, ohne sie zu bleiben, wäre der Verzicht auf Sinn überhaupt – auch im engsten Rahmen unserer Existenz. Doch läßt sich die Sinnfrage als solche unterschiedlich stellen. Und wenn Fragen bereits die Dimension vorzeichnen, in der sich die Antwort bewegt, wäre es um so wichtiger, in unserer suchenden Frage nach dem Ewiglebendigen, nach der Einheit des Seins die »Einheit« desjenigen, der fragt, mit dem »Gegenstand« seiner Frage zu vergegenwärtigen. Das Fragen als solches bleibt, die Arbeit des Denkens bleibt, doch die Haltung, die beide bewegt, ändert sich. Sie kann sich sogar so sehr ändern, daß das Fragen seine eigentliche Intentionalität verliert und dennoch nicht Spiel ist. Wenn wir uns der Bedeutung, der Notwendigkeit dieser Zweckfreiheit bewußt werden, spüren wir zugleich ein anderes: Erkenntnis ist letztlich und in Wahrheit etwas Geschenktes, sie stellt sich nicht zwangsläufig, nicht folgerichtig ein. Deshalb kann es auch nicht einen Weg für alle geben; jeder muß seinen Weg selbst gehen, und er muß ihn erst finden. Selbst Gedanken, Hinweise und Wink anderer bleiben passiv, verweigere ich ihnen den Bezug zu mir. Wenn ich jedoch diesen Bezug herstellen kann, betroffen bin, war ich bereits »auf dem Weg«. Deshalb kann auch dieses Buch keineswegs Resultate vorwegnehmen oder über Resultate – wie in physikalischen oder mathematischen Abhandlungen – formelhaft verfügen. Es versucht hingegen an

Schwierigkeiten heranzuführen, auch an eine Tradition der Schwierigkeiten, die der ganzen Menschheitsgeschichte eignet und letztlich wohl auch einer der Gründe für die Verhaltenheit geheimer Traditionen ist. Gleichwohl gibt es sie, weil es Menschen gab, die die Sprache des Kosmos verstehen, ohne sie mit der eigenen zu bekriegen. Wer eine Botschaft empfangen will, muß hören können. Hört er nicht, mißachtet er gar, trägt er selbst dazu bei, daß sich Natur als Inbegriff aller Erscheinungen ihr Recht verschafft und alles in den Rahmen ihres Planes zwingt – unsere Erfahrung lehrt, in welch schmerzlicher Weise.

Die Heilige Astrologie ist einer der uralten Wegweiser zum ewig Wahren. Sie expliziert sich in der durchgängigen Architektur des Kosmos. Durchschaut man diese Architektur, blicken wir in eine verborgene Welt. Die Heilige Astrologie gleicht einem Fluß, der gleichzeitig, an seiner Quelle wie an seiner Mündung, Weisheit und Quintessenz menschlicher Erfahrung überhaupt mit sich trägt. An seiner Quelle entstanden Heiligtümer und monumentale Tempelbauten als in Stein gemeißelte Zeugnisse der Erkenntnis. An seiner Mündung befruchtet dieser Fluß das kosmische Bewußtsein zum unausgesetzten Wandel aller Phänomene dieser Welt. So wird dem Menschen mit Hilfe der Heiligen Astrologie die übergreifende Harmonie, deren Spiegel sie ist, auf einer ihm zugänglichen Ebene deutlich.

Aurum Verlag

1
DER MENSCH
UND DAS FIRMAMENT

»Unten« die »Erde«, »oben« der »Himmel«, »unten« der »Stoff«, »oben« der »Geist«, »unten« der
»Mikrokosmos«, »oben« der »Makrokosmos« – wo
fände sich in diesem Feuerwerk menschlicher Begriffe der Kosmos selbst? Wie ließen sich wirklich
Sterne erobern, wenn bereits die begriffliche Er-
oberung so kläglich scheitert? Die Einheit des
Universums scheint den »Geist« zu lähmen, der
sie denkt; wir müssen uns ihrer erst mühsam erinnern, wenn sie unter der Schwäche der Begriffe
verlorenging. Die Weise unseres Erkennens ist
derjenigen des gleichzeitigen Zusammenwirkens
aller im All schwingenden Energien entgegenge-
setzt, und dieser Gegensatz ist unüberwindlich,
denn er gehört wesenhaft zum Menschsein. Unüberwindlich ist jedoch deshalb nicht das Phänomen der Grenze selbst, als Phänomen wird es so
verfügbar wie alle anderen Erscheinungen, zu deren Durchsichtigkeit die Vergegenwärtigung unserer Erkenntnisbedingungen beiträgt. Die Transparenz der Gegensätze, der Polarität, der Grenzen
hingegen wird deutlich durch ihren Zusammenfall

17

unter dem Gesetz, das wir sicher nicht formulieren
können, von dem jedoch alles seinen Ausgang
nimmt. Dieses Gesetz expliziert sich auf allen
Ebenen der geoffenbarten Welt. Der Ebenen sind
nur derart viele, daß sich der menschliche Geist in
seiner Fähigkeit zu verbinden verliert. Doch
gleichwohl ist die Einheit gegeben. Und die Heilige Astrologie als kosmische Architektur ist einer
der möglichen Zugänge von der weltlichen Offenbarung zur »überweltlichen« Ordnung. Wenn die
planetarischen Gottheiten von einst in den Zodiakzeichen wiederentdeckt werden können, dann
deshalb, weil diese Aspektierung einer initiatischen Erkenntnis entspricht. Sie führt zum Bewußtwerden des Ineinanderwirkens aller Energien
und ihrer unablässig sich verändernden Beziehungen. Jedes Sternendiagramm, jedes Zahlensystem,
jeder geometrische Aufriß, jede Planetenbahn ein
Widerschein transzendenter Harmonie. Diese
Spiegelung ließe sich einer kosmischen Diagnose
vergleichen, die einst nur eingeweihten Priestern
vorbehalten war. Sie erwarben die Fähigkeit, die
Grenzen der gewohnten sinnlichen Wahrnehmung
zu sprengen, ihre Sinne zu entwickeln und sich für
ein Erkennen empfänglich zu machen, das keine
Mühe hat, die Schwelle zwischen dem sichtbaren
und dem unsichtbaren Universum zu überschreiten. Sie erkannten den dynamischen Einfluß der
Sternenwelt. Die Vorstellung fällt uns heute nur
sehr schwer, daß im Laufe menschlicher Entwicklung überhaupt »Botschafter« versuchten, eine

18

Wirklichkeit zugänglich zu machen, die genau jener seit Menschengedenken gesuchten Wahrheit entspricht. So richtet sich Gnosis (griech. = Erkenntnis) denn auch auf die alle Zeiten und alle Räume umfassende Wahrheit, unteilbar und jenseits jeglicher Pluralität der Wahrheiten. Entsprechend ist ihre Erkenntnis zielfrei, unpersönlich, undogmatisch. Den gnostischen Weg einzuschlagen, bedeutet Umkehr. »Stätten« hat dieser Weg viele, Möglichkeiten hat er viele. Die christliche Offenbarung ist dieser Weg, über die Upanishaden kann er führen, über die Bhagavadgita, das Tao, (das Wort heißt bereits »Weg«) oder das Sufitum.

Einer dieser Wege, aus Anlaß der Erfahrung und später Erfahrung und Erkenntnis begründend, sind die pythagoreischen Lehren. Aus der eingehenden Beschäftigung mit der Mathematik ergab sich für die Pythagoreer im Prinzip des Mathematischen, der Zahl, der Bezug zum Sein. Zahlenverhältnisse als Abbilder der Harmonie der Welt selbst. Seitdem ist vom »Kosmos« die Rede, einer Welt, die geordnet und harmonisch ist, einer Welt, deren Ordnung und Harmonie in der Existenz von Maß und Zahl erkannt werden kann, und letztlich einer Welt, deren immanente Dissonanzen sich durch diese Erkenntnis lösen lassen.

Die berühmte *Tabula smaragdina,* die Smaragdtafel, beschreibt diese Proportionalität, die zu erfüllen der Mensch angetreten ist, deren Erfüllung überhaupt das sein könnte, das »Glück« eigentlich meint. Existenz und Herkunft der Smaragdinischen Tafel liegen im Dunkeln; ihr Einfluß, ihre Wirkung scheinen jedoch unverkennbar. Hermes soll als erster die Grundsätze der Alchimie auf Tafeln aus Smaragd festgehalten haben. Verlorengegangen oder auch versteckt gehalten, wurden sie von dem ägyptischen König Nechepso wiedergefunden, nachdem ihm die Götter das Verständnis für den Sinn dieser geheimen Botschaft gegeben hatten. Die eine der später bekanntgewordenen Tafeln, die *Tafel von Memphis,* soll in griechischer und koptischer Sprache die Inschrift tragen: »Himmel oben, Himmel unten, Sterne oben, Sterne unten; alles, was oben ist, ist auch unten. Nimm es hin, und es bringe dir Glück.« Ähnlich der Text der *Tabula smaragdina,* die Alexander der Große der Sage nach im Grab des Hermes fand. Diese Tafel trug den Untertitel »de operatione solis« und wurde um 1 200 n. Chr. in lateinischer Übersetzung bekannt. Seither kursieren die unterschiedlichsten Übersetzungen, so auch die folgende: »Was unten ist, gleicht dem, was oben ist, und das, was oben ist, gleicht dem, was unten ist, um das Wunder des Ureinen zu vollziehen.«[1] In diesem Wunder des Ureinen habe Thot-Hermes, so meinten die Alchimisten, das Subtilste an Wahrheit erfaßt und festgehalten, das geheime Traditionen später aneinanderband, auf daß es in der Obhut Berufener blieb und wirksam werden konnte. Die verschlüsselten Gravuren formten sich im Laufe der Zeit zum Kerngehalt alchimisti-

20

Abb. 1   Die Smaragdinische Tafel des Hermes Trismegistos
in einer spätmittelalterlichen Darstellung.

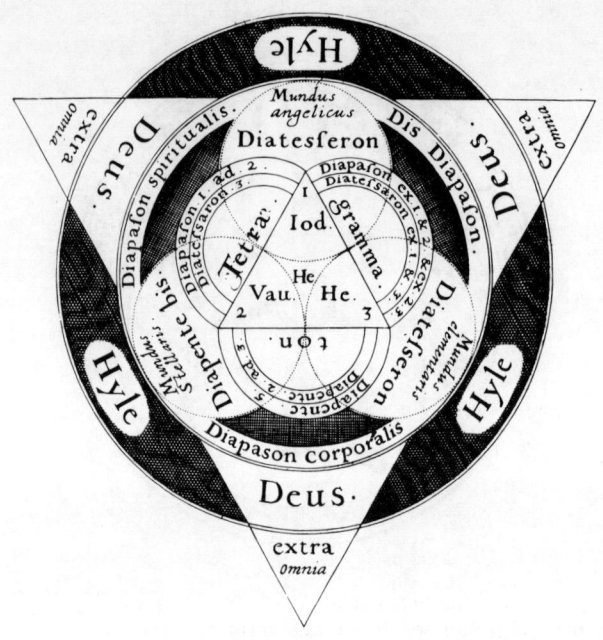

Abb. 2 Die dreifache Manifestation in der Darstellung der
Dreifaltigkeit repräsentiert Gott, der hinter allen Dingen bestehen bleibt. Drei Welten erstehen: die der Engel (Empyreum), die der Sterne (Äther) und die der Elemente. In der
Mitte das Tetragrammaton. Die Harmonie der Beziehung seiner Teile zueinander wird durch Bögen verdeutlicht. (Robert
Fludd, *Tomus Secundus De Supernaturali, Naturali, Praeternaturali Et Contranaturali Microcosmi historia, in Tractatus
tres distributa,* Johann Theodore de Bry, Oppenheim 1619.)

22

scher Forschungen; seine Offenbarung über die geheimen Gesetze der Natur sind noch heute die Grundlage alchimistischer Gedankenwelt. Roger Bacon (1214−1294), Mönch, Alchimist und Philosoph an der Schwelle naturwissenschaftlichen Denkens und naturwissenschaftlicher Entwicklung, war nur einer unter jenen, die vermutlich aufgrund dieses Rückbezugs, dieser Erkenntnis überhaupt in der Lage waren, das klammerartige Verhältnis des Menschen zur Natur und entsprechend Perspektiven für die Zukunft zu formulieren. So verschlüsselt die Anweisungen der *Tabula smaragdina* auch sein mochten, sie haben – in anderem Kleid – und von alchimistischem Gedankengut überformt, die geistige Entwicklung des Abendlandes nachhaltig beeinflußt. Zwei Gedankenströme hatten sich verbunden, die mosaische und die griechische Gedankenwelt, um uns Einblick in ein Universum zu geben, in dem das Wunderbare wirkt.

Zwischen dem ägyptischen Thot und Moses, dem Propheten der Hebräer, besteht eine Beziehung. Vielleicht lebte Moses zu Zeiten Echnatons.[2] Hundert oder mehr Jahre fallen kaum ins Gewicht, wenn man bedenkt, daß es sich bei der biblischen Überlieferung ohnehin um mutmaßliche Daten handelt. Hingegen scheint eines gewiß: Moses wurde in die priesterliche Geheimwissenschaft eingeführt. Ob man ihn nun in einem Schilfkörbchen fand, oder ob er Thutmoses hieß und demnach ein naher Verwandter Echnatons war, wie einige Anzeichen vermuten lassen, mag dabei weniger interessieren. *Thutmoses* ist der griechische Name für den ägyptischen Thotmes, was wörtlich bedeutet:»Thot hat ihn geboren.« *Moses* heißt auf Hebräisch: der Gerettete. Propheten sind von Legenden umgeben, und vieles Wünschbare, Passende, Stimmige, Wunderbare findet in Legenden Eingang. Dem Wasser zu entsteigen, ist ein initiatischer Vorgang und aus dem Wasser geborgen zu werden, sein Bild. Wenn Moses wirklich zu Zeiten Echnatons lebte, wird er von der Vorstellung des Pharaos, seiner Vision von einem einzigen ungeoffenbarten Gott, einem kosmischen Sonnengeist, der sich in Aton verkörperte, nicht unberührt geblieben sein. Außerdem mochte Echnaton daran gelegen haben, die heilige Botschaft Ägyptens nicht nur in neuer, akzentuierterer Form, sondern auch durch neue Menschen verbreiten zu lassen. Offensichtlich schien ihm die traditionelle und derweil zu Macht, Ansehen und Reichtum gelangte Priesterschaft nicht mehr in der Lage, diese Botschaft in ihrer Reinheit zu repräsentieren. Hinzu kamen offensichtlich politische Motive, denn Ägypten war von allen Seiten bedroht und eine neue Sonne dementsprechend gefährdet. Deshalb war es besser, sie anderswo aufgehen zu lassen.

Leicht erklärt sich aus diesen Zusammenhängen der Nachdruck, mit dem Moses den Nomadenstämmen den Monotheismus aufzwang. Ob er in allem verstanden wurde, ist ungewiß. Um so sorgfältiger bereitete Moses den Exodus vor. Dem langen Menschenzug, der sich in Bewegung setzte, trugen Leviten die mit Gold beschlagene Bundeslade aus Zedernholz voran. In sie legte Moses, da sie die Arche versinnbildlichte, das Wesen der Tradition, die unverfälschte geoffenbarte Wissenschaft, deren Kenntnis sicherlich seiner ägyptischen Einweihung zuzuschreiben war. Die Maße der Bundeslade zeigen eine Entsprechung zu denen, die Gott einst Noah übermittelt hatte. Deshalb ist es nicht verwunderlich, daß Moses das *Buch der fünf Prinzipien* zusammen mit dem Aronstab und einem Omer Manna in die heilige Arche legte. Das *Buch der fünf Prinzipien* gilt als Zusammenfassung alles damals vorhandenen Wissens. Später, nach der Offenbarung auf dem Berge Sinai, kamen die Tafeln der Gesetze hinzu. Einer der fünf Bände des *Pentateuch,* die Urgeschichte oder Genesis, enthält in seiner Symbolik die mystische Tradition der Ägypter und legt das Fundament unserer späteren Entwicklung. So steht in der Genesis, daß der Allmächtige alles mit Zahl, Maß und Gewicht schuf und die Israel versprochene Macht den Zahlen entspränge. Zum Pentateuch gehört auch das Buch der Zahlen; der Aaronstab könnte ein Längenmaß, das Omer Manna eine Gewichtseinheit darstellen. Die Kabbalisten haben offensichtlich allen Grund, in den Schriften Moses' nach einem Schlüssel zu suchen, der ihnen Zugang zu den Geheimnissen der Natur verschaffen könnte. Die Bundeslade wurde später zum Heiligsten des Heiligen im Tempel Salomons. Sie verschwand, als Nebukadnezar II. 587 v. Chr. Jerusalem eroberte und die Juden nach Babylon deportiert wurden. Das Wesen der Tradition verschwand deshalb jedoch nicht. Die Heilige Astrologie bezeugt es mit ihrer Existenz. Heilig ist sie deshalb, weil sowohl ihr Ursprung als auch ihre Orientierung eine andere Ausrichtung haben und erfordern, als sie zum Beispiel eine Art »Experimentalastrologie« überhaupt haben kann. Denn letztere versucht, oft allzu vorbehaltlos und unüberlegt, alltägliche Begebenheiten direkt mit den Botschaften der Sternenwelt zu verbinden. Die Heilige Astrologie hingegen bemüht sich um die wirkliche *Vermittlung* der Botschaft einer alles umfassenden Ordnung. Beide sind in ihren Intentionen sehr wohl vereinbar, nur bleibt Heilige Astrologie ein initiatischer Weg der Erkenntnis, sie hat mit der punktuellen Anhäufung von Daten und Kenntnissen nichts zu tun. Doch kann, wer ihre allumfassende Vision durchschaut, aus der Heiligen Astrologie das Regulativ für diese Daten beziehen. Dann wird das, was in jedem Augenblick ist oder sein könnte, um so bewußter. Die Kenntnis nur eines Bedingungsverhältnisses und der Möglichkeiten seiner Auswertungen machten dieses Bewußtsein sicher noch nicht aus; es bliebe bloßer Aspekt, allenfalls Perspektive, bestenfalls die in diesem Fall höchst fragwürdige Autonomie einer Disziplin, die gerade antrat, mit Hilfe der

Sterndeutung im Schicksal des einzelnen das Schicksal der gesamten Menschheit zu deuten. Die Zweckgebundenheit der herkömmlichen Astrologie erfährt ihre Korrektur, ihre Einbindung durch die Zweckfreiheit der Heiligen Astrologie. Erst dann kommt es zu einem Kontakt zwischen Erfahrung und Erfahrung, der jetzigen und der Quintessenz einer weit zurückreichenden.

Die riesigen Menhire und Grabkammern der Megalith-Kulturen – Stonehenge, Carnac –, die Pyramiden, Heiligtümer und Tempel aus grauer Vorzeit sind ein beredtes Zeugnis für die uralte Suche des Menschen nach der Struktur des Universums. Aus irrationalen Anfängen entwickelt, nahm die Astrologie innerhalb der Geistesgeschichte einen ganz besonderen Weg. Sie bereitete der Astronomie den Boden, die Erkenntnisse der Astronomie gaben ihr wiederum jenen Halt und jene Berechtigung, Glaube und Wissenschaft zugleich zu sein. Die chaldäischen Priester waren Astrologen und auch Astronomen; ihre Tempel waren zugleich Sternwarten. In ganz natürlicher Weise entsprach diese Doppelfunktion dem Weltbild der Babylonier, das den Menschen so sehr im Gefüge des Kosmos verwurzelt sah, daß zwangsläufig alles Forschen im Dienste einer um so besser begriffenen religiösen Ordnung stand.[3] Von dort her bestimmte sich auch der praktische Anwendungsbereich. Was an prophetischen Zeichen den Bewegungen der Himmelskörper zu entnehmen war, gewann – allerdings unter dem Mantel des Staatsgeheimnisses, Bedeutung für die Führung der Regierungsgeschäfte. Denn der König war den Gottheiten verantwortlich für das Schicksal seines Volkes. Die Daten in diesem Wechselspiel wurden genau aufgezeichnet. Und kurz vor dem Verfall ihrer Kultur verfügten die Babylonier über derart weitreichende astronomische Kenntnisse, daß ihnen eine schematische Darstellung der Kreisbahnen beider Hauptgestirne gelang. Ihre Tabellen hielten die Sonnen- und Mondfinsternisse fest, und sie berechneten die Bewegung der Planeten und die Ekliptikposition einiger Fixsterne. Älteren Ursprungs ist der Brauch, die einzelnen Zodiakfiguren mit menschlichen Eigenschaften und Schicksalsmotiven zu koordinieren. Die chaldäischen Priester wußten dies offensichtlich, doch machten sie davon keinen Gebrauch. Nichts lag ihnen ferner als die Aufstellung persönlicher Horoskope. Ein Beitrag zur Entwicklung der Geburtsastrologie war insofern nicht von ihnen zu erwarten. Um so wichtiger wurde jedoch das kosmologische Vermächtnis an die Ägypter, Griechen, Perser und Inder. Dies fand zwischen dem 7. und 4. Jahrhundert vor Christus statt.

Bei Ägypten wissen wir ungefähr um diesen Zeitpunkt von der Tradition und Weiterentwicklung astrologischer Kenntnisse durch zwei Reliefs an den Saaldecken des Tempels von Dendera. In Dendera, einst Tantiris oder Tentyra, mag die tantrische Magie ihren Ursprung haben. Der Tantrismus war Ausdruck einer Kosmogonie und zugleich auch einer Physiologie. Das Sanskritwort *Tantra* – es ließe sich mit *Verkettung* übersetzen – nahm im Laufe der Zeit den Sinn einer Regel oder Lehre an, die sehr eng auch mit dem Yoga verbunden ist. *Yoga* wiederum ist ein Sanskritwort für *Einung* und *Vereinigung*. Die Wurzeln für den möglichen Mißbrauch – es handelt sich hier ja um sexuelle Magie – liegt, wie so oft, wieder in der unkritischen, unüberlegten Adaption von Bedeutungsgehalten, deren Bedeutungsweite und Bedeutungstiefe sich jeder einzelne erst erarbeiten muß.

Die Tierkreisscheibe von Dendera erscheint als Himmelsgewölbe, das an den Hauptpunkten Wassermann, Skorpion, Löwe und Stier von vier Wesenheiten, Göttinnen, gestützt wird. Der Stern Sirius erscheint im Krebs in der Mitte des Zodiaks, umgeben vom Tierkreis, der die Himmelskörper mit ihren Bahnen und ihrem ganz besonderen Einfluß veranschaulicht. Die Reliefscheibe von Dendera, wie sie heute vorliegt, entstand genau im Jahrhundert vor der Zeitwende anläßlich eines Tempelumbaus. Doch enthält sie übernommene Daten aus dem vierten Viertel des Zodiaks und ist eine Bauchronik, die über 4 000 Jahre zurückreicht. In Dendera stoßen wir zudem auf die Symbolik der Tierdarstellungen. Das Zeichen mit dem Hundekopf veranschaulicht die Tag- und Nachtgleichen, wie der Ibis die Mondekliptik. Die Sonne in Gestalt eines Löwen auf einer Barke

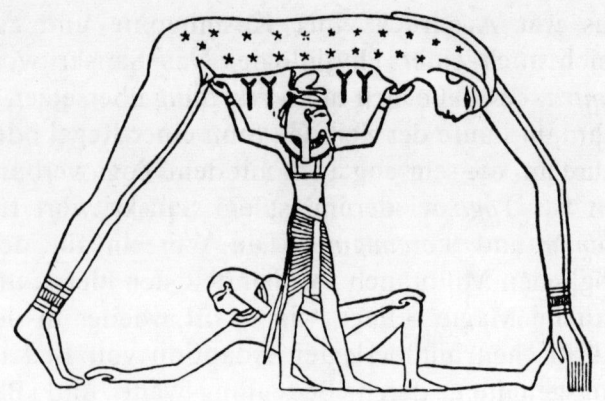

Abb. 3 Das altägyptische Weltbild wird dargestellt durch die Himmelsgöttin Nut, die sich gleich einem Regenbogen über die Erde wölbt; Gott Schu stützt das Himmelsgewölbe, und hingestreckt, aber halb sich schon erhebend, liegt die Erde und berührt die Hände und Füße der Himmelsgöttin. (Inge von Wedemeyer, *Der Pfad der Meditation im Spiegel einer universalen Kunst,* Aurum Verlag, Freiburg i. Br. 1977.)

illustriert die Reise des Gestirns, das allnächtlich in die zwölf Regionen der Unterwelt hinabsteigt, um täglich wieder aufzusteigen. Unsterbliche Quelle der Wärme und des Lebens, kosmisches Wesen als auch Himmelskörper, dessen Strahlung himmlischen Einfluß schenkte, war die Sonne das Zentrum religiöser Weltvorstellung. Die Dynamik der Zodiakzeichen nimmt dort ihren Ursprung. Deshalb ist es nicht verwunderlich, daß im Reich des Amun-Rê, des Sonnengottes, die Einwohner das Orakel regelmäßig befragten, um ihr Handeln »günstigen« und »ungünstigen« Zeiten anzupas-

30

sen. Zur Aufstellung von persönlichen Horoskopen kam es jedoch erst in der Regierungszeit der letzten Pharaonendynastie. Niemand wagte es, das Orakel zu bestreiten oder die Botschaften der Himmelsordnung unbeachtet zu lassen. Die Wahrsagekunst wurde als eine göttliche Kunst geehrt und entsprechend als heilig angesehen. In einem der alten Papyri heißt es vom Gott Amun (alle Pharaonen waren Söhne Amuns, da der Gott die Gestalt des Vaters bei der Zeugung annahm), der zum Pharao, seinem Sohn, spricht:»Im Begriffe, die erhabenen Geheimnisse einer verborgenen Weisheit kundzutun, Geheimnisse, die unsere Vorfahren in Dunkelheit hüllten und uns nur bebend vermachten, aus Angst, die göttliche Wissenschaft könne entweiht werden, höre mich aufmerksam an. Sei still und unbefangen, still und frei, wisse, daß die Dekane eine wesentliche Kraft besitzen und ihren Verfügungen Gutes wie Unheilvolles entspringt.«[4]

Das »individuelle« Horoskop für den Pharao formulierten die Priesterastrologen an seinem Krönungstag. Das erste Datum der Vorhersage, auf das sich dieses Horoskop stützte, war das Sternbild im Augenblick der Empfängnis. Diese Konstellation war bekannt, und sie verglich man mit den Angaben des Sternbildes im Augenblick der Geburt. Das Sternbild im Augenblick der Empfängnis gab zudem einen Hinweis auf vorangehende Inkarnationen. Im Sternbild der Todesstunde sah man eine Spiegelung. Übrigens wurden die Sternbilder der Todesstunde bedeutender Persönlichkeiten, vor allem natürlich der Pharaonen, registriert und in Tempeln aufbewahrt. Dies erleichterte die Suche nach der Abfolge vergangener Existenz; beim Pharao bestand sie ohnehin nur aus »edlen« Vorformen. Mit all diesen Orientierungspfeilern ließ sich der Schicksalsweg des Pharao, gleichbedeutend mit dem Karma des Reichs, das er regierte, bestimmen.

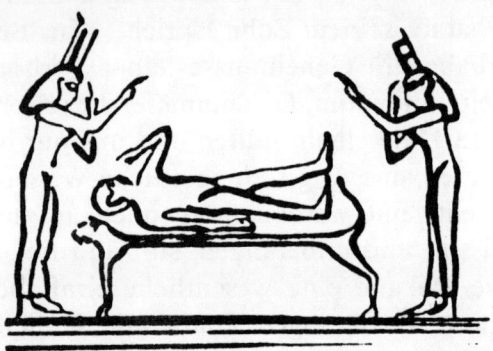

Abb. 4   Ein Relief im Tempel zu Philae/Ägypten stellt die Belebung des Osiris durch die vierhändige Behandung zweier weiblicher Gottheiten dar. (Willy Schrödter, *Heilmagnetismus,* Aurum Verlag, Freiburg i. Br. 1987.)

Im alten Ägypten hing die Astrologie – folgerichtig – mit der Heilkunst zusammen. Sie war in Ägypten weit ausgebildet, ägyptische Heilkunst war weithin berühmt. Ihre Mittel und Methoden korrespondierten direkt mit den astrologischen Kenntnissen. Heilmittel wurden den Patienten nur an bestimmten Tagen und zu bestimmter Stunde verabreicht. Auch das Pflücken medizinischer Pflanzen war zeitlich an astrologische Konstellationen gebunden. Die biologischen Zyklen aller Lebewesen waren bekannt, dementsprechend mußten sie, waren sie gestört, dem Rhythmus der Sterne und der Planetenbewegungen wieder angeglichen werden; der disharmonische Seelenrhythmus des Kranken wurde im Tempel mit den Rhythmen der Sterne wieder in Einklang gebracht und harmonisiert. Der psychologische Faktor wurde also ganz bewußt mit in den Heilprozeß einbezogen.[5] Nach einer ritualen Läuterung, gelehnt an eine Statue der Sekmeth, verharrte der Kranke ruhig, um »überweltliche« Strahlungsenergien zu empfangen und sie auf sich einwirken zu lassen. Sekmeth, die Gattin des Ptah, dem Gott des kosmischen Hauches, war die Empfängerin dieser kosmischen Strahlungsenergien. Eng verbunden mit dem kosmischen Sphinx, dem Sternbild des Löwen, stellte sie die Beziehung zwischen dem Patienten und dem großen Mysterium her, dessen Bild der Sphinx war; aus Stein auf Erden – als Sternbild des Löwen am Himmel. Heute, da die Möglichkeiten geistiger Heilung mit Recht wieder die Aufmerksamkeit auf sich ziehen, kann man sich gut vorstellen, mit welcher Andacht und mit welchem Vertrauen der Kranke seine Heilung erwartete und zu ihrer Verwirklichung selbst beitrug.

Zu einer folgenschweren Wende kam es nach ihrer Einführung in die hellenische Welt; die Astrologie demokratisierte sich gleichsam. Die große Bühne der Opfermysterien, auf der doch Weltgeschehen stattfand, verengte sich zu einer sehr viel kleineren des täglichen Geschehens. Astrologische Kenntnisse zu haben, war kein Privileg, jetzt wurden sie allen zugänglich. Man sparte sich den Weg über die eingeweihten Priester, jetzt wollte man selbst Himmelskarte deuten, um seine Zukunft vorauszusehen. Profanisierung gedieh bis zum Mißbrauch, und die menschliche Gutgläubigkeit feierte – aus Angst – ihre altbekannten Siege. So kamen im Griechenland der letzten vorchristlichen Jahrhunderte die ersten persönlichen Horoskope auf, doch war die Astronomie derweil nicht stehengeblieben. Um so weniger erinnerten sich die beiden Töchter ein und derselben Mutter ihrer Zusammengehörigkeit. Der Bruch wurde deutlich, die bald unversöhnliche Feindschaft lag offen zutage. Jede Gemeinschaft und Verwandtschaft zwischen Astronomen und Astrologen wurde geleugnet. Selbst die unbekümmerte Weiterverwendung ihrer Begriffe und ihres Instrumentariums konnte diese Entwicklung nicht korrigieren.

Die Vorstellung von einem lebendigen Ganzen, die Vision des großen vorsokratischen Atomistikers Empedokles, schien längst vergessen und die Erkenntnis der Gesetze ineinanderwirkender Energien verloren. Das Wissen eines Thales, von dem es hieß, der große Thot selbst habe ihn eingeweiht, schien ebenfalls verschüttet, bis die durch den Geist griechischer Philosophie befruchtete und geläuterte Astrologie im 2. Jahrhundert v. Chr. in Hipparch einen hervorragenden Vertreter fand. Beeinflußt von der platonischen Ideenwelt, die jedes irdische Geschehen mit dem Leben des Kosmos verbunden und den menschlichen Körper den Himmelskörpern verwandt sah, stellte Hipparch eine Ordnung von Entsprechungen zwischen Ekliptikabschnitten und menschlichen Körperteilen auf. Er war es, der zuerst das Phänomen der Präzession der Äquinoktien beobachtete. An seinem Wissen jedoch schieden sich die Geister in jene bester griechischer Tradition, die die Kenntnisse, die sie bewunderten, wie einen Schatz hegten, und in jene, die dieses Wissen ausbeuteten und gleichsam zum populären Ausfuhrartikel degradierten.

Diodorus von Sizilien, ein griechischer Historiker des 1. Jahrhunderts v. Chr., ein Zeitgenosse Cäsars, bezieht sich mehrfach auf Urkunden, die er in der Bibliothek Roms studierte:»Den zwölf Zodiakzeichen steht ein Heer von Göttern vor. Die Sonne, der Mond und die Planeten ziehen an diesen Zeichen vorbei. Jeder Planet hat seine eigene Bahn, und die Bahnen aller unterscheiden sich gegenseitig durch die Geschwindigkeit der Bewegung der Himmelskörper wie auch durch die Zeit, die sie zu ihrem Kreislauf benötigen. Die Himmelskörper entscheiden das gute oder schlechte Schicksal aller. Ihre Botschaften zu entziffern, heißt voraussehen, was kommen mag, und zwar mit solcher Genauigkeit, daß alle, die es erlebten, voller Staunen und Bewunderung die astrologische Wissenschaft als göttlich erkennen.« Hatte sich bereits in Griechenland das persönliche Horoskop im Alltagsleben durchgesetzt, wurde es im römischen Reich mit zunehmender Verbreitung zu einem lukrativen Geschäft. Horoskophändler erwarben großen Reichtum. Es kam zu Auswüchsen aller Art, die viel Unheil stifteten. Man scheute sich nicht, die Aussagen der Sterndeuter als Mittel zur Sicherung der eigenen Macht zu benutzen oder auch als Vorwand, Feinde aus dem Weg zu räumen. Kaiser Tiberius zum Beispiel ließ aus Angst vor der Voraussage seines Sterndeuters alle potentiellen Nachfolger töten. Oder Kaiserin Agrippina; sie »kam« ihrem Schicksal »zuvor«, indem sie ihren Gemahl, Kaiser Claudius, umbringen ließ, bevor er selbst Gelegenheit hatte, sie zu töten. Ihr Sohn Nero holte dies dann nach seiner Thronbesteigung nach. Es gab verzweifelte Anstrengungen, das vorausgesagte Schicksal abzuwenden, doch bewiesen solche Versuche die Wahrheit der Prophezeiung oft um so deutlicher, waren sie selbst doch, wie sich später zeigen sollte, an der Verwirklichung des Vorausgesagten entscheidend beteiligt. Gleichzeitig fanden Banketts und Festversammlungen statt, bei denen zwölf Gänge – den einzelnen Tierkreiszeichen entsprechend – serviert wurden. Der römische Dichter Juvenal schrieb verächtlich: »Es gibt Leute, die sich nicht in der Öffentlichkeit sehen lassen, nicht speisen oder sich baden, ohne vorher die Ephemeriden zu Rate gezogen zu haben.« Gleichwohl hätte Julius Cäsar, dessen Geburt von Vorzeichen am Himmel begleitet war, besser daran getan, auf die Warnung seines Astrologen Spurinna zu hören, der ihm dringend empfohlen hatte, an den Iden des März besonders vorsichtig zu sein.

Die Auswüchse astrologischer Praktiken nahm die junge christliche Kirche zum Anlaß, die Astrologie, deren heidnisch-teuflische Einflüsse den Gläubigen nur verblenden konnten, zu verbieten und ihre Betreiber zu ächten. Tatsächlich ging es bei diesem Verbot weniger um die Frage theologischer Vereinbarkeit von Astrologie und christlicher Dogmatik als um die Erhaltung kirchlicher Autorität, die durch solch eine »dämonische« Wissenschaft als gefährdet erschien. Eine lange astronomische Nacht folgte.

In der Renaissance wurde die Astrologie wiederentdeckt und vergessene Kenntnisse neu überdacht. Alchimisten, Rosenkreuzer, Templer und andere Anhänger der gnostisch-hermetischen Tradition hatten sie wohl verwahrt und weitergeleitet. Man erinnerte sich wieder des Sterns, der die drei Magier zum königlichen Kind geleitet hatte, und manche Theologen verglichen Jesus selbst mit der Sonne. Es wurden sogar Stimmen laut, die Seele selbst sei als göttlicher Funke dem Einfluß der Sterne ausgesetzt. Cornelius Agrippa, Philosoph,

Arzt und Rosenkreuzer, der Philosoph Raimundus Lullus oder John Dee, der astrologische Berater Elisabeths I. von England – sie alle und viele mehr bekannten sich zur Astrologie, obwohl manch einer von ihnen den Scheiterhaufen riskierte. Viele Philosophen des mittelalterlichen Islam waren unter ihnen; sie vermuteten zwar im Koran die Quelle alles Wissens, übernahmen jedoch die Lehren von Pythagoras und Platon. Manche in Europa vergessene Erkenntnisse waren vom Islam in seinen Eroberungszügen neu vermittelt worden. Surahwardi, der der sogenannten *Erleuchteten Schule* angehörte, spricht von Platon als von seinem Meister. Al Kindi spielt eine große Rolle, und seinen Schülern verdankt die europäische Renaissance viel. Desgleichen sind Avicenna und Albiruni von ihm stark beeinflußt. Bei ihm heißt es:»Wenn die Grenze überschritten wird, die den Astrologen vom Illusionisten trennt, fällt man Vermutungen zum Opfer, die nichts mit Astrologie zu tun haben.«

In Claudius Ptolemäus erwuchs der Astrologie wohl einer der leidenschaftlichsten Wegbereiter. Neben seiner *Einleitung zur Erdenbeschreibung,* die bis zum 16. Jahrhundert das ´einzige maßgebende geographische Werk blieb, und einer Reihe astronomischer Schriften verfaßte Ptolemäus eine *Tetralogie,* in der er alles zusammentrug und systematisch ordnete, was bis dahin an astrologischen Anschauungen und Kenntnissen in Babylonien, Ägypten und Griechenland bekannt geworden war. In diesen Werken vertrat er die Auffassung, die Fixsterne hätten unter allen anderen Himmelskörpern den wichtigsten Anteil an der Gestaltung des menschlichen Daseins. Er befaßte sich eingehend mit dem individuellen Horoskop. Das von ihm erdachte geozentrische Weltbild hatte großen Einfluß auf die geistige Ausrichtung der Astrologie in allen folgenden Epochen. Die Tatsache, daß die Erde und ihre Bewohner darin in den Mittelpunkt des Alls gestellt wurden, war vom zeitgenössischen Geist gar nicht anders aufzufassen als eine überzeugende wissenschaftliche Bestätigung der tiefen Verbundenheit zu Kosmos und Mensch. Diese Beziehung war im folgenden nicht mehr wegzudenken – ob nun durch Plotin, Porphyrius, Clemens von Alexandrien oder Origines. Sie alle sorgten dafür, daß diese Gedanken bereits in das frühe christliche Denken Eingang fanden und viele Kirchenväter, einschließlich Thomas von Aquin, in der Geistesgeschichte des Abendlandes die Rolle christlicher Kosmologen übernahmen.

2
DIE UNUMSTÖSSLICHEN GESETZE

Wer die Arkane der Heiligen Astrologie erforschen will, sollte wissen, daß sich seine Suche auf ein Wissen richtet, das vielleicht am Ende dieser Suche stehen wird, aber keine Art »exakten« Wissens ist, das sich direkt anstreben ließe. Denn es geht um ein transmutiertes Wissen, das sich in die Erkenntnis einer allumfassenden Wirklichkeit wandelt. Eine Aneinanderreihung von Meinungen (das Wort sagt es, in der Meinung gilt etwas nur für mich, nicht für andere) wäre der »Tod« dieser Wandlung und beibehaltene Voreingenommenheit das unüberwindliche Hindernis für eine neue Sicht. Dennoch gibt es Anhaltspunkte für diesen Weg, auf dem wir Stufe für Stufe voranschreiten. Sie gehören zum substantiellen Gedankengut der gnostisch-hermetischen Tradition und beziehen sich auf die im Universum offenbarte »überweltliche« Ordnung und ihre unumstößlichen Gesetze. Auch in den kosmogonischen Mythen der Griechen finden wir Bilder dieser Gesetze, die nicht einmal die Götter selbst umgehen können. Der göttliche Demiurg, der Weltbaumeister, erschafft die Welt als Geometer.

Wer wollte am pythagoreischen Lehrsatz rütteln, der das Quadrat über der Hypotenuse eines rechtwinkligen Dreiecks aus der Summe der Quadrate der beiden Seiten bestimmt? Oder anders: Die Diagonale eines Vierecks mit der Seite eins entspricht der Wurzel aus zwei; desgleichen errechnet sich die Diagonale eines Rechtecks mit den Seiten eins zu zwei aus der Wurzel von fünf. Diese unumstößliche Tatsache wird zum Sinnbild einer goldenen, vollkommenen Verbindung, die im Rhythmus des Lebens nicht nur die Homogenität kosmischer Architektur beschreibt, sondern auch die Verbindung jener ist, die mit ihr umzugehen wußten wie Pythagoras, Platon, der große Baumeister und Architekturtheoretiker Vitruv, Leonardo da Vinci, Kopernikus, Tycho Brahe, Kepler, Goethe oder Einstein und so viele andere.

»Dieser Tempel ist wie der Himmel in all seinen Beziehungen« – diese Worte ließ Ramses III., der bedeutendste Pharao der XX. Dynastie, in die Säule eines der von ihm erbauten Tempel in Karnak bei Luxor meißeln. Jeder Tempel auf Erden sollte in seinen Maßen und in seinen Proportionen die idealen Verbindungen kosmischer Ordnung widerspiegeln. In ihnen fand die Heilige Astrologie eine ihrer Formen, sich zu manifestieren, in ihnen überantwortete sie sich symbolhaft dem initiatischen Weg. Doch es bleibt die Aufgabe, diesen initiatischen Weg als initiatischen Weg überhaupt zu erkennen und die Symbole, die uns mit dem Geheimnis der Zahl gegeben werden, richtig zu deuten. Von dieser Deutung hängt ab, ob wir die unumstößlichen Gesetze der Harmonie erkennen. Wir sind heute gewohnt, Zahlen lediglich quantitativ zu gebrauchen und zu sehen. Unbekannt scheint uns geworden zu sein, daß jede Zahl auch qualitativ erfahren werden kann. Letzteres zeigt sich in der auf Pythagoras zurückgehenden Zahlenmystik, deren Symbolik in streng ästhetischem Sinn den Gesetzen der Harmonie Ausdruck verleiht. Zahlen als solche bleiben rein numerische Zeichen, geometrische Formen dagegen verbildlichen ihre Proportionen. Meditierend, im Spiel der Zahl ihr mystisches Element erkennend, offenbaren sich uns Beziehungen, die dem Lebensrhythmus auf allen Ebenen der geoffenbarten Welt ihre Wirkungskraft zueignen. Letztlich bleibt der nur quantitativ betonte Umgang mit der Zahl ein rein mechanisch-materielles Verhalten, während das Erfassen der qualitativen Zahlenstruktur zur eigentlichen Lebensdynamik führt. Entspringt alles Geschehen dem Wort, wird Zahlenmystik zum Bindeglied zwischen beiden. Heilige Astrologie – grandiose Vision einer »überweltlichen« Ordnung – übermittelt ein Weltbild, in dem Philosophie, Naturwissenschaften, Religion, Psychologie und alle Künste, harmonisch untereinander verbunden, eine Einheit bilden.

Drei Gesetze oder Prinzipien der hermetischen Philosophie verdienen besondere Beachtung: das

Gesetz der Analogie, das Gesetz der Umkehrung und das Gesetz der Verschmelzung. Erinnern wir den tiefen Sinn der Worte der *Tabula smaragdina*. Sie faßt den gesamten Inhalt hermetisch-gnostischer Überlieferung in eine Synthese zusammen: Alles, was unten ist, gleicht dem, was oben ist, und alles, was oben ist, gleicht dem, was unten ist, damit sich das Wunder des Ureinen vollziehe. Diese Formulierung fußt auf dem Gesetz der Analogie oder dem der Entsprechung. Es gilt für die Bewegung der Planeten um die Sonne ebenso wie für die Bewegung der Bestandteile des Atoms. Es sind dieselben Gesetze, die die Partikel zwingen, sich zu kleinen »Sonnensystemen« und die Sterne zu den Sonnensystemen kosmischer Weiten zu verbinden. Entsprechend enthüllen die Gesetze der Akustik in aufeinander abgestimmten Wellenfrequenzen eine Analogie zu den harmonischen (oder auch unharmonischen) Beziehungen aller Dinge auf allen Ebenen des Universums. In jedem Atom pulsiert der Lebensrhythmus. Rhythmus ist durch eine dynamische Aufeinanderfolge von Impulsen gekennzeichnet. Jede Aufeinanderfolge entspricht einer Frequenz, die sich in Zahlen ausdrücken läßt.

Als Wissenschaft von der kosmischen Ordnung und ihrer Harmonie vergegenwärtigt uns die Heilige Astrologie die »Improvisationen« und »Modulationen« einer Schöpfung zwischen Involution und Evolution, das Klangspiel der im Kosmos wirkenden Energien zwischen Harmonie und Dis-

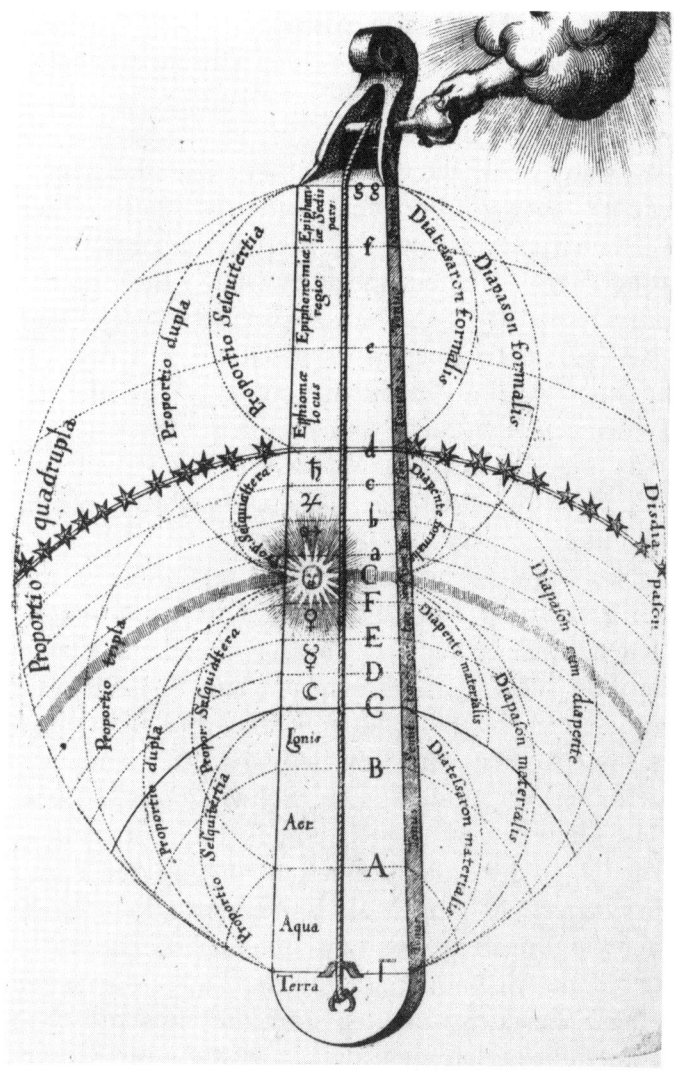

Abb. 5 Allegorische Darstellung des Universums in Gestalt eines Monochords. Robert Fludd, 16. Jahrhundert, England.

sonanz, Einklang und Mißklang. Alle Lebensfunktionen auf der Erde werden von ihnen beeinflußt. Mit dem Gesetz der Entsprechung haben wir die Möglichkeit, vieles, das uns unbegreiflich ist, begreiflicher werden zu lassen. Wir sind immer wieder geneigt, bei den Widersprüchen dieser Welt zu verharren und sie als etwas Absolutes hinzunehmen. In einem metaphysischen Sinn macht das Gesetz der Entsprechung Widersprüche, und zwar auf allen Ebenen, transparent; mit ihm erkennen wir ihre Vordergründigkeit. Was uns als Widerspruch undurchsichtig ist, wird durchsichtig. Was uns hinter dem Widerspruch unerkennbar schien, wird erkennbar. Das Unbekannte öffnet sich uns.

Nicht anders das Gesetz der Umkehrung in seiner Bedeutung. Ein Beispiel mag dies veranschaulichen. Eine Saite, die schwingt, hat zum Klang, den die Schwingung hervorruft, eine feststehende, unumstößliche Beziehung. Klang und Saite sind gewissermaßen eine Zweieinheit; sie sind untrennbar verbunden. Die Schwingungsfrequenz des Klanges verhält sich umgekehrt proportional zur Länge der Saite, deren Schwingung den Klang provoziert. Je länger die Saite, desto kleiner die Schwingungsfrequenz und umgekehrt. Die Höhe der Töne wird abhängig von der Länge der Saiten eines Musikinstruments, und die musikalischen Intervalle lassen sich also in bestimmten mathematischen Proportionen ausdrücken. Wenn »n« die Länge der Saite bezeichnet, ist $\frac{1}{n}$ die Formel, die dem Klang dieser Saite entspricht. Saite und Klang – ohne einander wären sie nichts, miteinander bilden sie eine Einheit; ihr Verhältnis ist komplementär. Die Saite repräsentiert gleichsam das Stoffliche und ihre Schwingung seine Dynamik als die ihm innewohnende Energie. Ihr unhörbarer Klang entspräche, in Analogie zum Menschen, dem Rhythmus seiner Seele. Das Stoffliche wäre sein Körper, die Lebensenergie seine Dynamik und sein Seelenrhythmus sein Klang. Die »Unterschiede« zwischen den verschiedenen Erscheinungsformen oder Offenbarungen der universalen Kraft wären demnach jeweils die Manifestation wechselnder Höhe und Art von Schwingungen. Denn nichts im gesamten Universum befindet sich in Ruhe, alles bewegt sich, schwingt und kreist. Wir kennen die Kraft der Gedanken. Wenn wir uns vergegenwärtigen, daß alle geistigen Zustände von Schwingungen begleitet sind, begreifen wir, was Gedanken auszulösen vermögen.

Die Heilige Astrologie, die Heilige Geometrie, die Zahlenmystik, die Musik oder auch die Symmetrie einer Schneeflocke, die logarithmische Spirale einer Muschel – sie alle spiegeln die kosmische Ordnung und Harmonie in ihrer Immanenz. Alles im Universum ist rhythmischer, hörbarer oder unhörbarer Klang, denn alles bewegt sich im Herzen des Ureinen durch die Magie des Rhythmus der Weltseele. Die Vision einer Weltseele gliche dem Urprinzip der Lebensbewegung, die den Bestand aller Dinge offenbart. Das Leben ist ohne

49

Anfang und ohne Ende, es kann jedoch nur im ständigen Werden wahrgenommen werden. Eine Aufeinanderfolge von Impulsen kennzeichnet auf allen Ebenen die Phänomene der Sinneswelt. Die Temperatur steigt oder sinkt, der Winter folgt dem Sommer und die Nacht dem Tag. Wer die Gesetze der Rhythmen kenne, soll Pythagoras gesagt haben, kann den Stoff durch den Geist regieren. Denn jeder Fels sei zu Stein gewordene Musik.

Dem Gesetz der Verschmelzung begegnen wir in den Worten Jesu: »Wenn ihr aus zwei eins macht und aus dem Inneren das Äußere und aus dem Äußeren das Innere, aus dem Oben das Unten, aus dem Männlichen und Weiblichen eins macht, so daß das Männliche nicht mehr männlich und das Weibliche nicht mehr weiblich ist, möget ihr eintreten in das Reich.« Das Reich Jesu Christi ist grenzenlos und deshalb betretbar nur im Geist. Die Phänomene der Welt sind eine Tarnung, die Dualität tarnt die Einheit, aber sie verbirgt sie nicht restlos. Sie kann es gar nicht, sie wäre nicht Tarnung, nicht die andere Seite des Spiegels, der selbst jene Einheit ist, die, will sie als Offenbarung »sichtbar« sein, die Vielfalt entstehender und vergehender Formen benötigt. Das sich dann im einzelnen offenbart und als Geoffenbartes, als Erscheinung, zu einer anderen Seinsweise findet, ist Indiz für das Faktum des Ursprungs, der Einheit, und die nie endende Bewegung der Phänomene wie eine einzige lückenlose Indizienkette dieses Faktums. Wie wir sie erkennen – da selbst zum Bewegungsablauf der Erscheinungen gehörend –, ist eine andere Frage und wohl eine der grundsätzlichen Schwierigkeiten überhaupt. Unmöglich ist es jedoch nicht, denn es bleiben uns immer wieder die kaleidoskopischen Vorgänge aller den Sinnen zugänglichen Eindrücke, die sich in Erkenntnis verwandeln lassen, wenn es gelingt, unsere Befangenheit und unsere Gewöhnung an eine sehr begrenzte und bei weitem ungenutzte Sinneskapazität zu überwinden. In eine solche Entwicklung der Sinne und damit auch des Verstandes – wer wollte zudem entscheiden, auf welchem Stand der Entwicklung Quantität in Qualität überginge –, wäre Welt einbezogen, sie ändert sich zwangsläufig mit dem, der sie erkennt. Sie ist »gefügiger«, als wir meinen, und deshalb verfügbarer – nur sicher nicht im Sinne mechanischen Arrangierens und »Machens«. Es wäre vermessen anzunehmen, der Mensch litte an einer vorgegebenen Realität. Die Realität ist er selbst, deshalb leidet er an sich. Ein magischer Kreislauf – wertfrei symbolisiert im Bild der Schlange, die sich in den Schwanz beißt. Die Rückkehr zum Ursprung ist keine abstrakte Forderung, der nicht nachzukommen wäre. Das Bild der Schlange ist kein Gaukelbild der Möglichkeit, denn es bedeutet die Möglichkeit wie ihre Bedingung, den Weg. Ohne ihn ließe sich Möglichkeit auch nicht formulieren, das Bild bliebe statische Allegorie ohne symbolische Wahrheit. Als Adam und Eva ihre gegenseitige Natur erkannten, als die Schlange ihnen ihre Einheit verhüllte, empfanden sie Angst. Angst vor einer allmächtigen Weisheit führte zur Religion, Angst vor einer anscheinend grausamen Natur führte zur Beobachtung der in der Natur waltenden Kräfte. Aus der Beobachtung dieser Kräfte resultierte Wissenschaft. Und heute stehen wir an jenem Punkt, da sich die Erkenntnisse der Wissenschaft um ihre Rückbindung mühen. Ist sie gefunden, ist Angst verloren. Nichts anderes besagt das Tao. So heißt es bei Lao-tse: »Zu begreifen, daß das eine zum anderen nicht im Gegensatz steht, ist Wesen des Tao«, das heißt, dieses als das Wesen des Tao Bezeichnete ist das Wesen des Erkenntnisweges. Die Wirklichkeit ist durch Dualität getarnt, sie kann nur »jenseits« von Yin und Yang, von männlich und weiblich, von aktiv und passiv, von Gut und Böse als ewig Wahres erkannt werden. These und Antithese sind in der Natur identisch. Denn in Wirklichkeit sind die Gegensätze nur die Extreme ein und desselben Dinges. Dies gilt sogar für die Pluralität der Wahrheit; jede Wahrheit ist im Grunde nur eine halbe Wahrheit, jede Wahrheit ist zur Hälfte falsch. Deshalb geraten wir auch im Versuch, die eine Wahrheit zu formulieren, so schnell an die Grenze unserer Möglichkeiten, weil wir es bei halben oder oft auch anderthalb Wahrheiten belassen müssen. Einer der Auswege aus diesem Dilemma ist das Wahrsagen, das sich in seiner reinen Form (als letzte Etappe der priesterlichen Einweihung sollte es einst zur Erleuchtung führen) von der Vision einer fundamentalen Einheit von Mikro- und Makrokosmos lebt. Am Beispiel des Zodiak wird uns dies deutlich.

Das ganze Universum läßt sich symbolmäßig entziffern. Eben dies spricht aus aller Tradition. Ein gutes Beispiel dafür ist das indisch-tibetische Mandala. Das Sanskritwort *Mandala,* das sowohl Punkt als auch Kreis bedeutet, wird zum geometrisch künstlerischen Bild einer »überweltlichen« Harmonie. Indischer Kosmogonie entsprechend, stellt das Mandala ein zeitloses Diagramm vor,

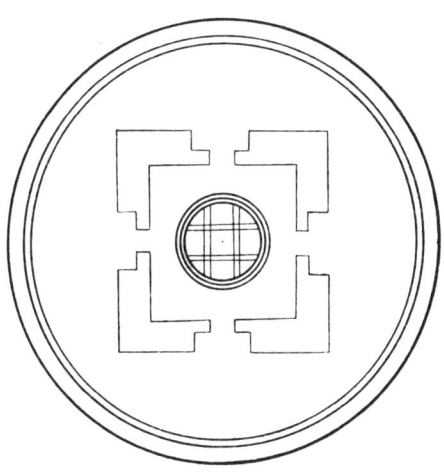

Abb. 6 Das mystische Diagramm des Mandala, die graphische und symbolische Darstellung eines Weltsystems, dient vor allem im indischen und tibetischen Raum als Meditationshilfe. (Inge von Wedemeyer, *Der Pfad der Meditation im Spiegel einer universalen Kunst,* Aurum Verlag, Freiburg i. Br. 1977.)

53

sozusagen ein Psycho-Kosmogramm, das den Weg ins Zentrum des Innen und des Außen enthüllt. Symbolisch gesehen, vermittelt ein Mandala einen zeitlosen Weg, der vom Urprinzip, dem Punkt, zur Offenbarung des Lebens, dem Kreis führt. Die entsprechende Lehre verdeutlicht, wie aus dem Zentrum des Innen und des Außen Zukunft erwächst, wie jeder Augenblick Keim von Zukunft ist. Ganz im Sinne des eben Gesagten läßt sich auch über den Zodiakkreis ähnlich wie über ein Mandala meditieren. Dann mag der Zodiak beginnen, uns seine geheime Botschaft zu enträtseln.

Die gnostisch-hermetische abendländische Tradition ist heute wohl eine der ältesten. Sie umfaßt seit Urzeiten das Subtilste aller Geschehnisse in der langen Entwicklung der Menschheit. Sie weist den Weg der Erkenntnis, denn alles Bestehende, vom Chlorophyll bis zum Plasma, vom Samen bis zur Frucht, vom Chromosom bis zum Neutron, vom Vergänglichen bis zum Ewigen, zeugt von dem nie endenden Werden. Die Tradition ist das Bindeglied, das den Ursprung mit dem Ende verbindet. So heißt es in den Worten Jesu in der Bibel: »Warum fragt ihr mich, was das Ende sein wird, habt ihr den Ursprung erkundet, um auch das Ende zu kennen? Da, wo der Ursprung ist, wird das Ende sein. Gesegnet ist jener, der am Ursprung steht und das Ende erkennt; er wird dem Tod enthoben sein.«

Die hermetische Tradition ist kein System, sie ist weder Lehre noch Dogma. Sie bewahrt das Geheimnis um das Wesen aller Dinge, und so findet sie sich zwischen Ganges und Indus, auf den Hochebenen von Tibet, in den Wunderbauten der Welt, den Pyramiden oder in der Krypta der Geburtskirche zu Jerusalem. Es verwundert deshalb nicht, daß die ägyptische Hieroglyphe für das Herz ein Kelch ist. Es ist unser Herz, das den Rhythmus des Blutkreislaufs regelt. Das Herz ist wie der magische Kelch des Lebens. Der Gral, der Kelch, in dem der Legende nach Josef von Arimathia das Blut Jesu Christi auffing, ist der Kelch des Lebens. Die Suche nach ihm ist eine Suche nach dem Leben, das zugleich die Wahrheit ist. Diese Suche hört niemals auf, und in der Vergangenheit verband sie die Gedankenströmungen der Antike mit denen des Christentums. So wurde der Gral zum geheimnisvollen »Behälter«, in dem die Liebe als Gesetz des Lebens ihre Magie vollzieht.

Nehmen wir an, wir könnten in Gedanken unser Universum verlassen, um es gleichsam von oben her zu betrachten. Es erschiene uns als geometrischer Aufriß einer Sphäre. Sie aber ist der Kreis. Wir wissen, daß eine Sphäre sich nicht ausbreiten läßt. Will man sie mit Papier abdecken, ist dies nur mosaikartig mit kleinen Papierteilchen möglich. Betrachten wir den Kreis, den Aufriß der Sphäre als Sinnbild der Vollkommenheit des Universums wie Pythagoras und Platon, und stellen wir uns gleichzeitig vor, daß zwei Lichtstrahlen, von seinem Nordpol ausgehend, die Sphäre durchdringen, um rechts und links von der Sphäre am Äquator herauszutreten, läßt sich folgendes feststellen. Angenommen, am Südpol der Sphäre befände sich eine ebene Fläche, die zwei Lichtstrahlen fielen auf sie zu. Drehten sie sich dabei um ihren Ausgangspunkt, würden sie, gleich einem Zirkel, einen Kreis auf die ebene Fläche zeichnen. Er entspräche erstaunlicherweise genau der ausgebreiteten Oberfläche der Sphäre. An diesem Beispiel wird das Wunder der Umkehrung deutlich. Kreis und Sphäre stehen in einem Komplementärverhältnis.

Wenn in seltenen Fällen der Zodiakkreis im Viereck dargestellt wurde, hieß dies, er war zugleich auch das Bild von den vier Himmelsrichtungen.

Ein Kreis hat keinen Anfang und kein Ende. Hätte die Bewegung des Lebens einen Anfang oder ein Ende? Sie kann es nicht, sie wäre nicht diese Bewegung in einem unendlichen, sich nie vollendenden Werden durch alle Erscheinungsformen hindurch. Deshalb wurde der Kreis auch in allen Traditionen zu ihrem Sinnbild. Man könnte ihn genauso als Rad ansehen, ein Rad, dessen Felge zum Band des Werdens und dessen Nabe zum göttlichen Prinzip wird, das die Bewegung des Rades auslöst. Die Speichen wären die kosmischen Urenergien; sie verbänden die Leere der Nabe mit der Fülle des Werdens, also das Innen und das Außen, sie wären die Offenbarung in ihrer Möglichkeit und in ihrer Erscheinung. Am Rad des Zodiak läßt sich ablesen, daß zwölf Urenergien ineinanderwirken. Dieses Ineinanderwirken verursacht im Kosmos den siebenfachen hyperphysischen Klang, den die siebensaitige Lyra des Apoll in der Schwingung der sieben Saiten weiterleitet. Sie ist das Musikinstrument des Sonnengottes, des Hüters der sieben Pforten, die den nicht Eingeweihten die Geheimnisse der Natur verschließen. In der Schwingung dieser »Lyra« formt sich die Harmonie der Welt; die kosmische Skala des Zodiak ist ihr Bild.

Das hermetische Prinzip der Schwingung erklärt auch die Entstehung des Regenbogens und die Transparenz seiner Farben, so wie es die Entstehung überhaupt aller Elemente erklärt. Begründet durch die Entfernung der Erde zu den Planeten der kosmischen Skala, von denen zwei nur symbolische Planeten sind, läßt sich folgende Entsprechungsskala aufstellen.

Die Zahlen unter den Planetenbezeichnungen markieren die Reihenfolge in der Skala, die weiter unten stehenden ihren geheimen dynamischen Einfluß. Demnach wird der unmittelbare Einfluß der Sonne, den die Zahl 108 symbolisiert, im Widerhall der schöpferischen, Form verleihenden Kraft des Mondes verdoppelt. Das Verhältnis 108 zu 216 entspricht dabei einer Oktave, ist also der vollkommene Ein-klang. Analog verstanden, handelt es sich um ihre rhythmische Wirkungsfrequenz. Im harmonischen Gesang der Sphären vibrieren gleichsam das Wahre, Gute und Schöne des Weltalls. Im Grunde war es diese Vision, die

MOND	MERKUR	VENUS
1	2	3
farblos	grün	rot
(exophot)		
Silber	Quecksilber	Kupfer
Montag	Mittwoch	Freitag
216	27	54
re	la	mi
D	H	E

SONNE

4
blau
Gold
Sonntag
108
si
A

MARS	JUPITER	SATURN
5	6	7
orange	violett	gelb
Eisen	Zinn	Blei
Dienstag	Donnerstag	Sonnabend
72	24	8
sol	do	fa
G	C	F

Den Bezügen und Entsprechungen in dieser tabellarischen
Aufstellung liegt die platonische Vorstellung vom Universum
als einer Art Polyphonie zugrunde. Die kosmische Skala wird
zum Sinnbild dieser Polyphonie, die sich als Zusammenspiel
von Stoff, Klang und Farbe an alle Erscheinungsformen weiterreicht.

58

hinter Keplers epochemachenden Berechnung der Planetenbahnen in ihren gegenseitigen Beziehungen stammt. Entsprechend hat jeder der Planeten eine ihm eigene »Färbung«, ein ihm zugehörendes Metall und einen ihm zugedachten Tag. So pulsiert im siebenzackigen Stern der Lebensrhythmus vom Sonnen-Sonntag zum Saturn-Sonnabend, um im Sonnen-Sonntag wieder zu erstehen.

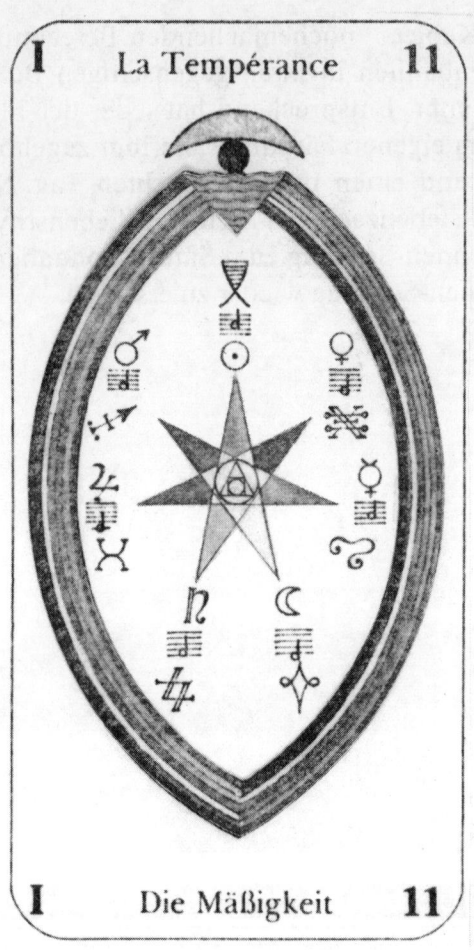

Abb. 7 Die Symbolik der Tarotkarte der Mäßigkeit zeichnet
die eurhythmische Bewegung des Lebens nach. Die Dynamik
des Lebens gehorcht einem wöchentlichen Rhythmus und
drückt in diesem kurzen Zyklus eine »überweltliche« Harmonie in weltlicher Offenbarung aus. Die Zahl 7 symbolisiert
zudem die höchste Vernunft. (Vgl. Frédéric Lionel, *Das Spiel
der Spiele – Tarot,* Aurum Verlag, Freiburg i. Br., 1982.)

3
DIE SYMBOLIK
DES ZODIAKKREISES
UND
DIE SONNEN- UND
MONDSYMBOLIK

Sinn, Idee und Anschauung – im Symbol sind sie ungetrennt. Unentwirrbar scheinen deshalb seine Inhalte und zwangsläufig provisorisch die Verweisungen auf sie, das nicht in sich tragend, auf das sie verweisen. Goethe nannte die Symbole »rätselhafte Erscheinungen«. Für C. G. Jung entstammen sie den gleichen archaischen Residuen wie die Projektionen, »Residuen einer ursprünglichen Identität des Subjektes mit dem Objekt«. Deshalb ihre Unendlichkeitsstruktur, deshalb auch ihre Überlebtheit in jenem Augenblick, da ihre Lösung gelingt. Märchen und Dichtung kennen dieses Motiv. Nur die Aufhebung der Individuation (z.B. durch das Unsichtbarmachen eines Ringes) erlaubt die übergangslose Rückführung in die Präexistenz, zum »Schlaf der Welt«, zur Einheit der Gegensätze. So sind Ritus, Mythos und Märchen faktisch, ohne weitere Deutung, bereits eine Antwort auf die »Urgefahr«, dem Unbewußten zu verfallen, als reaktives Verhalten zur Wirklichkeit überhaupt an jene unverständliche Grenze heranführend, die der Mensch sich gibt, ohne sie zu beherrschen. Die psychologische Ausgangssituation entfaltet sich hier an Bedrohung und dem Bedrohten, der zwar aus eigener Kraft nicht handeln kann, dessen Ohnmacht aber auch Handlung ist. »Es muß sich bei der Symbolbildung also offenbar um eine auch biologisch höchst wichtige Funktion handeln. Da das Symbol nur dank einer relativen Entwertung des Objekts leben kann, so dient es offenbar auch dem Zwecke der Objektentwertung. Hätte das Objekt einen unbedingten Wert, so wäre es doch unbedingt bestimmend für das Subjekt.«[6] Im Symbol erinnern wir die menschliche Vergangenheit, die unsere Gegenwart ist, und sehr viel zu tun hat mit jenen »représentations collectives«, die in Form mythologischer Motive von jeher seelische Wandlungsvorgänge beschrieben. Wir stehen gleichsam vor dem psychisch geronnenen Abbild eines ungeheuren Bewegungsablaufs zwischen Involution und Evolution; das All zerfließt in seine Schöpfung, die Schöpfung zieht sich ins All zurück. Zwei Wirklichkeiten im großen, analog dazu zwei Wirklichkeiten im kleinen: »In derselben Weise, wie die unbewußte Welt der mythischen Bilder indirekt durch das Erleben am äußeren Ding zu dem spricht, der sich der Außenwelt ganz ergibt, so spricht auch die reale Außenwelt und ihre Forderung indirekt zu dem, der sich ganz der Seele ergibt; denn niemand kann den beiden Wirklichkeiten entgehen. Geht einer nur nach außen, so muß er seinen Mythos leben, geht er nach innen, so muß er sein äußeres, das sogenannte reale Leben, träumen.«[7] Der Zodiakkreis besitzt in der Sicht der Heiligen Astrologie, die, wie sich zeigen wird, den Beginn jedes Zyklus dem Zeichen der Jungfrau zuschreibt, zwei imaginäre Achsen, eine vertikale und eine horizontale. Erstere verbindet das Zeichen der Waage mit dem des Widders, letztere das Zeichen des Krebses mit dem des Steinbocks. Da es im folgenden um die symbolische Bedeutung der Zeichen geht, ergibt sich zwangsläufig, daß sich gegenüberstehende Zeichen in höchst subtiler Weise auch wirklich aufeinander bezogen sind.

Die vertikale Achse versinnbildlicht die Zeit, die horizontale den Raum, die vertikale zudem den Druck, den die rätselhafte Kategorie der Zeit ausübt, einer Energie, die gleichsam den Raum gebiert. Zeit und Raum stehen in einem Bedingungsverhältnis. Jede Bewegung, jeder Rhythmus offenbart sich im Raum und in der Zeit, und so werden Zeit im Raum und Raum durch Zeit gemessen. Die vertikale Achse verbindet das Zeichen der Waage mit dem Zeichen des Widders. Im Zeichen der Waage verschwinden die Gegensätze im harmonischen Ausgleich, der sie eint. Die Heilige Astrologie sieht in diesem Zeichen das Ende des Zyklus, den das Sonnensystem in 25 920 Jahren vollzieht. Diesen Zeitraum benötigt es, um im Uhrzeigersinn entlang der Ekliptik im Vorrücken der Nachtgleichen zu seinem Ausgangspunkt zurückzukehren.

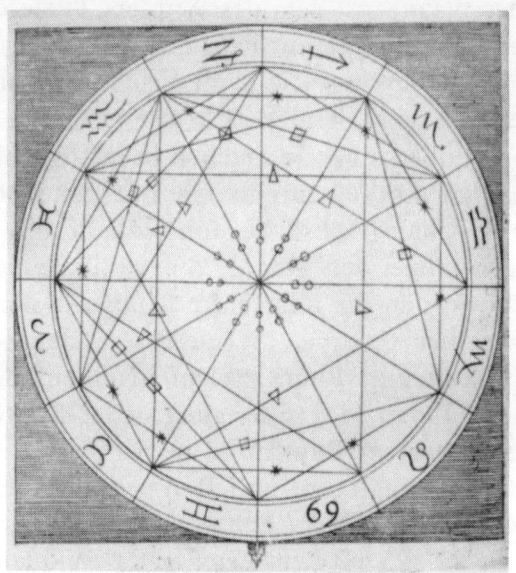

Abb. 8 Zodiak-Aspekte: Die astrologischen Bezüge jedes
einzelnen Zodiakzeichens in jeweils allen anderen. Nicht alle
sind eingezeichnet. Fludd hält die Konjunktion zwischen den
Planeten für den wichtigsten aller Aspekte und führt die anderen Aspekte in absteigender Ordnung an. (Robert Fludd,
*Tomus Secundus De Supernaturali, Naturali, Praeternaturali
Et Contranaturali Microcosmi historia, in Tractatus tres distributa,* Johann Theodore de Bry, Oppenheim 1619.)

66

Der Widder ist das Symbol des belebenden Feuers. In der herkömmlichen Astrologie ist dieses Zeichen Ausgangspunkt des Zyklus, der gegen den Uhrzeigersinn in 365 Tagen abrollt, da die Erde diese Zeit benötigt, um ihre Bahn um die Sonne zu vollenden. Die Erde unterliegt somit einen Monat lang dem besonderen dynamischen Einfluß eines dieser zwölf Zodiakzeichen. Das Sonnensystem ist hingegen im Vorrücken der Nachtgleichen rund 2 200 Jahre dem besonderen Einfluß des einen oder des anderen Zeichens des Zodiakkreises ausgesetzt. Pythagoras soll den Zyklus von 25 920 Jahren als »kosmisches Jahr« bezeichnet haben und die Zwölfteilung dieser Periode als den »kosmischen Monat«. Das Sonnensystem, also auch die Erde, befindet sich an der Schwelle eines neuen kosmischen Monats. Der spezifische Einfluß des Sternbildes der Fische nimmt ab, derjenige des Wassers hebt an. Aus diesem Grund spricht man von einem neuen Zeitalter. In der herkömmlichen Astrologie ist das Sternbild des Widders das Symbol der sich im Frühling offenbarenden ewigen Wiederkehr. Die Heilige Astrologie wiederum sieht im Zeichen der Waage den Keim eines Neubeginns, der sich in der Fortschrittsspirale im kommenden kosmischen Jahr entfalten wird. So gehen beide, herkömmliche und Heilige Astrologie, ein Komplementärverhältnis ein, das als Botschaft den Weg der Zukunft weist.

Der Zodiakkreis mit seinen zwölf Zeichen versinnbildlicht in dreimaliger Wiederholung die vier hyperphysischen Elemente Feuer, Erde, Wasser, Luft. Es handelt sich, analog verstanden, um vier Zustände des Stoffes, und zwar des festen, des flüssigen, des gasförmigen Stoffes und des Plasmas. Vor zweitausend Jahren lehrte Hipparch, der Zodiakkreis spiegle die Geheimnisse des Lebens.[8] Um diese Geheimnisse zu wahren und um sie nur Ausgewählten zugänglich zu machen, bedienten sich die Eingeweihten aus alter Zeit drei verschiedener Ausdrucksformen: der allgemein üblichen Sprachform, der symbolischen und einer verborgenen. Möglichkeiten des Zugangs zu dieser verborgenen Form sind uns indirekt durch Pythagoras überliefert: Verbinde den Rhythmus deines geistigen Universums mit dem Rhythmus deiner Seele, fliehe das Unwissen, fliehe die Illusion, aber in deinem Körper, dem Kelch deiner Empfindungen, entdecke das ewig Menschliche und erwache zum Wesentlichen.

Drei Etappen mit je vier Stufen folgen einander im Zyklus des kosmischen Jahres, die Etappen der Involution, die der Evolution und die der Initiation. Im Übergang vom Zeichen der Fische zum Zeichen des Wassermanns, dem Mundschenk der Götter, dem Sinnbild der überwältigenden Kraft ihrer erhabenen Gerechtigkeit, betritt der Mensch des neuen Zeitalters die letzte Stufe der zweiten Etappe der Evolution. Der unsichtbare, dynamische Einfluß der Zodiakzeichen, der zwölf Urenergien, die als Gottheiten personifiziert, in Tempeln verehrt wurden, beweist nicht nur den internen Zusammenhang vieler in den verschiedensten Traditionen offenbarten und zutage tretenden Symbolformen, sondern grundsätzlich die Universalität dieser Symbole in den drei Etappen des Aufstiegs.

Als sei es selbstverständlich, beginnt das kosmische Jahr beim Zeichen der Jungfrau und hört beim Zeichen der Waage auf – nicht von ungefähr. Der Symbolgehalt der Jungfrau ist vielschichtig und ohne Möglichkeit einer exakten Deutung. Doch in dieser scheinbaren Unzulänglichkeit liegt ihr ganzer Reichtum, ein Reichtum, der um so strahlender ist, je weiter uns die Absicht, ihn zu besitzen, von ihm trennt und einer Fähigkeit Platz macht, die, intuitiv erfaßt, sich als unsichtbare Wirklichkeit hinter der sichtbaren aufhält. Ein wenig vom Radius der Denk- und Deutungsmöglichkeiten erkennen wir am Beispiel der Verkündigung Mariä. Maria wurde offenbart, sie würde einem Kinde das Dasein schenken, dessen Worte »Ich bin der Weg, die Wahrheit und das Leben« eine Kultur zum Blühen bringen sollte. Wenn die Verkündigung uns in dieser Weise tradiert ist, betont die Tradition offensichtlich die transzendente Bedeutung dieses Ereignisses. Ein Engel war der Überbringer der Nachricht. Symbolisch ist ein Engel das strahlende Licht des Wesens der Dinge. Wir sind, uralter Überlieferung entsprechend, an eine große Göttin erinnert, die sich stets jungfräulich dem Heiligen Geist überantwortet, um in einer ewigen Wiederkehr die Welt in einem neuen Zyklus zu gebären. Das Zodiakzeichen der Jungfrau hat unter diesem Aspekt eine ganz besondere Dimension. Das Ewigweibliche empfängt und schöpft, und demnach wird dieses Zeichen zum Symbol göttlicher Potenz. Manche mittelalterliche Darstellung zeigt Maria im strahlenden Sonnenmantel auf einem Throne sitzend, zu ihren Füßen den Mond, auf ihrem Haupt das zwölfsternige Diadem. (Wir werden später im Zusammenhang mit der Mondsymbolik auf diese Allegorik zurückkommen.)

Dem Zeichen der Jungfrau, dessen Element die Erde ist, folgt im Uhrzeigersinn der Bewegung der Heiligen Astrologie das Zeichen des Löwen. Das Feuer ist sein Element. Er versinnbildlicht die Allmacht des göttlichen Gesetzes wie auch sein Mysterium. Die alten Ägypter sahen im Sternbild des Löwen den kosmischen Sphinx, den Hüter des Gestern und des Morgen, das Inbild des Geheimnisses, in das sich das Wort und die Verwirklichung des Wortes hüllen, oder des Geheimnisses der unerschöpflichen Lebensenergie, die im Herzen der Welt pulsiert.

Auf das Zeichen des Löwen folgt das Zeichen des Krebses. Sein Element ist das Wasser. Dieses Zeichen spiegelt in seiner graphischen Abstraktion die zwei Pole, das Aktive und das Passive – jene Pole, die das Bestehen der Welt bedingen.

Das Zeichen des Krebses führt zum Zeichen der Zwillinge. Ihr Element ist ein verbindendes Element – die Luft. Im Zeichen der Zwillinge reichen sich die beiden Naturen die Hand, um die umfassende Ordnung und ihre Harmonie darzustellen. Diese Ordnung offenbart sich als eine der Natur innewohnende Logik. Die Schönheit einer Blume ist von ihr nicht verschieden, sie *ist* die Schönheit einer Blume. Selbst eine Blume kann uns bewußt machen, daß in der Verbindung des scheinbar Gegensätzlichen die Lösung weltlicher Problematik liegt. Wir müssen das Gegensätzliche nur zu vermitteln lernen und nicht beim scheinbar Unüberbrückbaren stehenbleiben. Es wäre wieder nur eine getarnte Wirklichkeit, mit der wir uns begnügten. Die eigentliche Wirklichkeit kennt keine Gegensätze.

Mit dem Zeichen von Jungfrau, Löwe, Krebs und Zwillingen sind die vier Stufen der ersten Etappe der Involution erklommen. Die Schöpfung, die Allmacht des göttlichen Gesetzes, die Notwendigkeit der zwei Naturen wie auch ihre Komplementarität ermöglichen also den Aufstieg. Danach folgt die zweite Etappe, die der Evolution. In ihr versinnbildlicht als erstes das Zeichen des Stiers, dessen Element die Erde ist, den kosmischen Samen, der sie befruchtet. Als schöpferische Energie ist der Same das Reichtum spendende Element, mit dem Füllhorn als seinem Bild, mit den beiden ausladend nach oben gereckten Hörnern des Stiers als seiner graphischen Darstellung.

Dem Stierzeichen folgt das Zeichen des Widders. Sein Element ist das Feuer, entsprechend wichtig seine Bedeutung. Denn der Widder versinnbildlicht das geheime Feuer des Verständnisses, ja der Weisheit selbst. In angelsächsischen Ländern wird der Widder Aries genannt. *Aries, Ariadne, Arachne* sind phonetisch verwandte Wörter. Die phonetische Kabbala, die allerdings von keiner Grammatik, keiner Etymologie, Notiz nimmt, deckt im Klang und Gleichklang der Vokale okkulte Bezüge auf. Das innere Ohr wird mit ihnen umzugehen wissen.

In der griechischen Sage gibt Ariadne, die Tochter des Königs Minos, Theseus, der zum Kampf gegen den Minotaurus angetreten ist, zur Orientierung im gefürchteten Labyrinth ein Garnknäuel. Der Faden der Ariadne – ein Lichtfaden gleichsam, den Theseus der Liebe einer Jungfrau verdankt. Das Labyrinth ist das Bild für die Wirrnis unserer Welt.[9] Theseus besiegt den Minotaurus, findet aus dem Labyrinth heraus, flieht mit Ariadne, doch läßt sie allein auf Naxos zurück, weil er sich in ihre Schwester Phädra verliebt. Ein schweres Schicksal ist die Folge seiner Verblendung.

Arachne ist das griechische Wort für Spinne. Das Spinnennetz ist ein geniales Werk, vielleicht die genialste Konstruktion, die sich denken läßt. Den Jahreszeiten, dem Wetter, der Umgebung und deren Veränderungsmöglichkeiten entsprechend, paßt sie sich in ihrer Ausrichtung an, wechselt die Stärke ihrer Fäden, ihren Fallwinkel. Kein noch so genialer Mathematiker könnte die Gesetze dieser Anpassung berechnen, die die Spinne scheinbar instinktiv erfaßt. Außerdem bezieht sie das Material, mit dem sie ihr Netz knüpft, den Faden, aus sich selbst. Die Spinne, ein Bild unserer Möglichkeiten? Ist diese Vorstellung wirklich derart weit hergeholt? Wie weit wir heute schon von unseren Möglichkeiten Gebrauch machen, sagt nichts aus über das vorhandene eingespeicherte Potential. Auch die Sache des Wahrnehmens hat ihre Geschichte, und auch das, was wahrgenommen wird, ist nicht frei vom Gewöhnungseffekt. Nur, solange wir nicht versucht haben, die Hemmschwelle aus Trägheit oder anonymer Furcht zu überwinden, bleiben wir ohne Legitimation für jede Aussage über unsere möglichen Fähigkeiten. Es ist schwer aufzuwachen, wenn Unerfahrenheit und Unwissen den Schlaf bereits als Wachen deuten. Und es ist schwer aufzuwachen, wenn wir ohne Glauben sind, ohne Glauben an jene Mysterien der Natur, zu der wir selbst gehören. So mag das Zeichen des Widders den wahren Glauben versinnbildlichen, wie auch im erweiterten Sinn die Einweihung in die Mysterien der Natur.

Im Zeichen der Fische, deren Element das Wasser ist, findet Erkenntnis ihre weltliche Antwort. Ihr Fundament ist Liebe, denn Liebe verbindet, was der Haß trennt. Liebe löst alle Konflikte und eint, was gegensätzlich erscheint. So steht das Zodiakzeichen der Fische für das Band, das sich um zwei in entgegengesetzter Richtung schwimmende

Tiere schließt. In dieser Bedeutung ist das Zeichen besonders tiefgründig. Liebe ist der Ausdruck des Christusbewußtseins, und Christus ist das Leben, die Wahrheit, die alles mit allem eint. *Ambrosia,* die Götterspeise, vom Mundschenk der Götter, dem Wassermann, gereicht, kann von jedem empfangen werden, der den Weg zur Wahrheit und damit zum Leben einschlägt. Das Zeichen des Wassermanns, dessen Element die Luft ist, versinnbildlicht die göttliche Gerechtigkeit. Der Mensch, bei der letzten Stufe der Etappe der Evolution angelangt, sollte gelernt haben, ein Mensch zu sein. Er ist berufen, das Reich Gottes im Bewußtsein, daß dieses Reich grenzenlos ist, auf Erden zu offenbaren. Er ist aufgerufen, den Garten des Schöpfers, der ihm anvertraut ist, zu bewahren und nicht auszubeuten. Im Maße vertaner Möglichkeiten und Versäumnisse wächst die Dringlichkeit der Korrektur, wächst nicht das Maß der Verantwortung – es war immer dasselbe, unabhängig von seinem Erkanntwerden –, wächst jedoch unter zeitlichem Druck der Appell, die menschlichen Möglichkeiten wahrzunehmen, die die Möglichkeit des Menschen retten. Denn seine Wirklichkeit ist gefährdet. Er scheint zwar technisch und wissenschaftlich ein Meister in der Molekularbiologie, der Genetik, der Atomphysik, der Informatik, der Kybernetik, und er bereitet sich vor, den Raum zu kolonisieren. Seine Macht ist groß, aber er vergißt die Weisheit, der sie unterstellt ist. Seine Denkverweigerung macht ihn

74

blind, seine Machtgier und seine Habsucht verblenden ihn, und so scheint er zu vergessen, daß an der Schwelle des dritten Jahrtausends seine Entscheidung über die Zukunft entscheidet in einer derart grundsätzlichen Form, wie es sie in der uns überschaubaren Geschichte zuvor nicht gab. Der Mensch steht zwischen »Sintflut« und »Renaissance« – er mag entscheiden. »Drei Säle«, lehrt ein Meister, »führen zum Ende der Mühen. Der erste heißt Unwissen; verlasse ihn baldigst. Der zweite heißt Lehrzeit; in ihm verweilend, wirst du die Blumen des Lebens pflücken; sei jedoch gewahr, daß sich unter jeder Blume eine giftige Schlange ringelt und dich beißen kann, solange du nicht von der Erkenntnis geleitet bist. Der dritte Saal heißt Weisheit; öffne dich ihr und sei dir bewußt, daß du berufen bist, den Irrtum zu erkennen und die Wahrheit zu sehen.«

In diesem letzten kosmischen Monat der zweiten Etappe des kosmischen Jahres nähert sich die Menschheit der Schwelle der Initiation. Vielleicht sind wir noch nicht bereit, diese Schwelle zu überschreiten – ob nun aus Nichtwissen oder Angst. Doch irgendwo treffen sich beide. Denn die Reaktion auf herbeizitierte Katastrophen ähnelt auffallend der motivischen Verwirrung, sie zu zitieren. An beiden haftet offensichtlich eine grundsätzliche Kontaktlosigkeit zur Welt, zum Menschen, zu unserem eigenen Tod. Wir verdrängen uns selbst von unserem Planeten, als seien wir anonym; wir verhalten uns wie Fremde und wundern uns der Befremdung, mit der er antwortet. Dabei können nur wir das erlösende Wort sprechen, das die dunklen Wolken am Horizont vertreibt. Natürlich bleibt die Frage nach dem Sinn, eine Welt etwas zu lehren, das zu empfangen sie nicht bereit ist. Doch es geht ja nicht um die Vermittlung einer fertigen Erkenntnis. Sie wäre ein Paradox. Es bleibt unser Prozeß, unsere Aufgabe, selbst Wissen in Erkenntnis zu verwandeln, wenn die göttliche Gerechtigkeit des Wassermann-Zeitalters zu Wort kommen soll.

Das erste Zeichen der dritten Etappe ist das des Steinbocks. Sein Element ist die Erde. Instinkt und Leidenschaft benötigen ein Regulativ, geistige Reife kann es ihnen geben. So kann sich der Geist bereits hier für viel subtilere Impulse empfänglich machen und letztlich Schwingungen aufnehmen, die seine Fähigkeiten als Intuition und Inspiration weit überflügeln. Auch auf diesem Weg wird ihn sein Urteilsvermögen, das sich selbst an den Regungen seines Bewußtseins schult, begleiten müssen.

Das Zeichen des Schützen, dessen Element das Feuer ist, versinnbildlicht den Aufstieg zu einem umfassenderen Bewußtsein, bei dem das Sein die Leitung übernimmt. Dem inneren Meister folgend, mündet dieser Weg in der Verklärung.

Das Zeichen des Skorpions, dessen Element das Wasser ist, stellt das Ende des Aufstiegs dar. Ein

Pilger hat den goldenen Schlüssel entdeckt, der die Pforte zur allumfassenden Harmonie öffnet, die Pforte zum Gesetz der Gesetze. Die dritte Etappe nimmt mit dem Zeichen der Waage ihren Ausgangspunkt. Ihr Element ist die Luft. Zwei Waagschalen der Waage, das Aktive und das Passive, ruhen in völliger Ausgeglichenheit. Herausgefiltert aus der Summe aller vergangenen Erfahrungen, bildet das Subtilste, das Wesentliche, den befruchtenden Keim des Chaos, dem ein neuer Zyklus entspringen wird. Ein neues kosmisches Jahr beginnt im ewigen Werden. Die Jungfrau verleiht ihm Form, und so bewegt sich die Fortschrittsspirale weiter, um alles Bestehende der Vollkommenheit zuzuführen.

*

Greifbarer, vertrauter ist uns die Sonnen- und Mondsymbolik. Sonne und Mond spielen in der Heiligen Astrologie eine ausschlaggebende Rolle. Ein Novum in der Geschichte der Astronomie ist unser heliozentrisches Weltbild sicher nicht; daß sich die Erde um die Sonne dreht, war bekannt, bevor es wieder vergessen wurde. Im dritten Jahrhundert vor Christus gelangte der griechische Astronom Aristarch von Samos, ein Schüler des Physikers Straton, durch Beobachtung am Sternenhimmel zur Aufstellung des heliozentrischen Systems und nahm damit die Entdeckung des Kopernikus um rund eintausendachthundert Jahre vorweg. Und Kopernikus hat von ihm – und nicht nur angeregt durch pythagoreische Lehren – gewußt. So schreibt er:»In der Mitte der Welt ruht die Sonne, die einen nennen sie das Licht, andere den Geist und andere noch den Leiter der Welt.«

Es scheint widersprüchlich zu behaupten, das Tagesgestirn Sonne spiele während der Nacht eine besondere Rolle. Und doch setzt seine Abwesenheit in der Mythologie oft den größeren Akzent. Die Sonne stand still in ihrer Bahn, um die Dunkelheit zu verlängern, die es Zeus erlaubte, Alkmene in der Gestalt ihres Mannes Amphitryon zu verführen. Dieser Vorgang des Stillstands wiederholte sich, als Herakles, Sohn des Zeus, in einer unüberbietbaren Leistung die fünfzig Töchter des Thespius zu befriedigen hatte. Ein weiteres Mal stand die Sonne still, so berichtet die Legende, doch diesmal nicht die Nacht, sondern den Tag zu verlängern; und dieser lange Tag verhalf den Hebräern zum Sieg.

Auch später, so halten Historiker fest, habe die Sonne stillgestanden, so zum Beispiel während einer der Schlachten, die zwischen Kaiser Karl V. und dem Schmalkaldischen Bund ausgetragen wurden. Sollte dieses Zeichen den Menschen eine Lehre sein? Sollte es Menschen Demut üben lehren? Die Menschen vergessen allzuoft, daß die Sonne als Gestirn in ihrer Erhabenheit dem Universum Wärme, also Leben vermittelt. Ohne sie könnte ja gar nichts bestehen.

In der ägyptischen Kosmogonie hat die Nacht Vorrang vor dem Tag, denn es ist die Nacht, die den Tag gebärt. Von daher erklärt sich in einigen alten Vorstellungen der Vorrang des Mondes vor der Sonne. Er verkörpert in diesen Traditionen das männliche Prinzip. In Ägypten war die vorfindliche, die sichtbare Sonne der Schatten des nicht geoffenbarten kosmischen Sonnengeistes selbst. Der Mond wiederum schmückt die Fahnen der Anhänger Mohammeds. Auf alten Gemälden erscheint er zuweilen auf der Stirn von Madonnen oder zu ihren Füßen. Wenn die Zacken der Mondsichel nach unten weisen, bedeutet dies, das Üble, das Instinktive, das Leidenschaftliche wurde vom Ewigweiblichen gemeistert. So versinnbildlicht das Gestirn der Nacht das ewige Werden und im übertragenen Sinn das Geheimnis der schöpferischen Kraft des Weiblichen. Der Mond ist an die Erde gekettet wie die Erde an die Sonne. Sonne und Mond bilden eine Zweieinheit, ein sogenanntes Binom, dessen Gegensätzlichkeit nur eine scheinbare ist und dazu angetan, die Magie der Umkehrung zu illustrieren.

Gold symbolisiert die Sonne, es ist das Gold der Vollkommenheit; Silber ist das Symbol des Mondes, Silber als Metall einer Spiegelung, in der das Gesetz des Rhythmus zu erkennen ist.

Einige Jahrtausende vor unserer Zeitrechnung erreicht der Sonnenkult in Ägypten seinen Höhepunkt. Amenophis IV. (Echnaton, 1375–1358 v. Chr.) war es, der Amun, den Verborgenen, entthronte, um die Sonnenscheibe Aton zum Symbol des ureinen Gottes zu erheben. Doch der Traum Echnatons war von kurzer Dauer. Sein Nachfolger, Tut-ench-Amun, setzte mit der Unterstützung der mächtigen Priester den alten Gott Amun wieder als Schutzgott des Volkes ein. Dieser Versuch, einen authentischen Monotheismus einzuführen, setzte im Grunde nur sehr viel deutlicher fort, was den ägyptischen Pantheon mit seinen vielen Gottheiten bereits vorher ausgezeichnet hatte: Verehrt wurde in den vielen Gottheiten der eine ungeoffenbarte Gott. Und dieser Eine fand Ausdruck in der spezifisch ägyptischen Trinität, wie ihn der Leidener Amun-Hymnus am Ende der XVIII. Dynastie formuliert, das heißt am Ausgang des 14. Jahrhunderts vor Christus: »Drei sind alle Götter: Amun, Rê und Ptah, keinen gibt es ihresgleichen. Verborgen ist sein Name als Amun, als Rê wird er wahrgenommen, sein Leib ist Ptah. Ihre Städte auf Erden bleiben immerdar: Theben, Heliopolis und Memphis, bis ans Ende der Zeit.« (Kap. 300, IV 21 f.)

Ähnlich in Griechenland. Paulus spricht zu den Athenern: »Ihr habt einen Tempel dem ungeoffenbarten Gott geweiht. Er hat sich offenbart, und ich kam hierher, um euch von ihm zu erzählen.«

Wie viele andere Länder des Altertums partizipierte auch Griechenland an dem unermeßlichen Wissensschatz des alten Ägypten. Ägypten war der Sitz der großen Adepten und Meister, deren esoterische Lehren in alle Welt gingen. Doch einer unter ihnen war der Meister aller Meister – sofern er wirklich ein Mensch war: Hermes Trismegistos, Vater okkulter Weisheit, Begründer der Astrologie und Entdecker der Alchimie. Er gilt als Zeitgenosse Abrahams und in manchen jüdischen Überlieferungen als dessen Lehrmeister. Viel später machten ihn die Ägypter zu einem ihrer Götter und nannten ihn Thot. Er galt als Berechner der Mondphasen und des Mondumlaufs, und er war der Gott, der die Schreib- und Rechenkunst erfunden hat. Er selbst hieß der »Schriftgelehrte der Götter« und war der »Trismegistos«, »der dreimal Große«. Die Griechen nannten diesen Thot Hermes, und so wurde Hermes mehrfach zum Initianten jener – hermetischen – Wissenschaften, die »geheim, versiegelt, so daß nichts entschlüpfen kann« weitergereicht wurden. Als überlegt dosierte Wahrheit sollte auch die Alchimie als eine von ihnen der Wandlung des Menschen den Weg ebnen und stufenweise aufwärts führen zum Gipfel des Daseins, zur Erleuchtung.

Für die Ägypter offenbarte die Sonne mit ihren Strahlen das geistige Prinzip des Gottes, den Logos. Punkt und Kreis sind das entsprechende Bild dafür. Der Punkt stellt das Urprinzip der kosmischen Bewegung dar, ein Urprinzip, das ist, ohne zu werden. Bewegungslos in seiner Bewegung, wird der Punkt zum Kreis – ohne Anfang und ohne Ende. Somit ist der Kreis das Sinnbild des

Lebens, das Sinnbild der Vollkommenheit wie auch der Ewigkeit. Er eint den Anfang und das Ende, den Ursprung und das Ziel, das Vergängliche und das Ewige. »Habt ihr den Ursprung erkundet, um mich ob des Endes zu befragen?«, sprach Jesus zu seinen Jüngern. »Wenn ihr den Ursprung erkundet, werdet ihr das Ende erkennen und dem Tode enthoben sein.«

In der Verehrung tiergestaltiger Götter findet sich in Ägypten die Sonne sowohl in der Form eines Habichts als auch in der Form eines Löwen, dessen durchdringliches Brüllen die alles durchdringende Kraft des göttlichen Gesetzes kennzeichnen soll. Oder aber das Tagesgestirn findet seinen Ausdruck in der Gestalt des Phönix, der jeweils aus seiner Asche neu ersteht, oder auch als himmlischer Stier, der als Sonne die Erde befruchtet. Auch der Skarabäus, der Mistkäfer, war in Ägypten ein Sonnensymbol. Die Kotkugel, die das Tier vor sich herschiebt, enthält die Larven seiner Nachkommenschaft – ein Bild der ewigen Wiederkehr, des Zyklus von Tod und Wiedergeburt.

Aton, Osiris, Amun-Rê, Baal, Mitras, Helios, Apollo – sie alle sind nur einige der vielen Gottheiten, die in den vergangenen Zivilisationen die Sonne als Quelle des Lebens, des Lichtes und der Wärme personifizierten.

Die Symbolik des Mondes steht in ihrer Farbigkeit, ihrer Bedeutungstiefe und Weitläufigkeit der

der Sonne nicht nach. Von den Dichtern besungen, den Liebenden vertraut, Isis, der Göttin der Geheimnisse der Natur geweiht, »begleitet« der Mond die Gefühle und Empfindungen und die Phantasie der ganzen Welt. Alle metaphysischen Mondgottheiten, also auch Thot, verkörpern das Empfängliche, das Plastische, die Aufnahmefähigkeit, das Formverleihende, das Werden im Rhythmus der Weltseele. Diesen Bedeutungen entspricht die Symbolik, die das Nachtgestirn unmittelbar mit dem Mysterium der dahinfließenden Zeit verbindet. In seiner Klarheit ist der Mond zudem eine Metapher der Schönheit und der Erkenntnis. Und in seinem sanften Licht verschwindet der Schrecken vor den Tiefen der Dunkelheit und dem, das sich in ihnen verbirgt.

Doch gleichzeitig neben diesen verklärenden Attributen kann das schwarze Licht des Mondes auch furchterregend und ein Licht sein, das die Seelen in das Jenseits geleitet. Als Gestirn der Isis, der Astarte, der Artemis, der Hekate ist der Mond ein Sinnbild überweltlicher Kräfte. Isis war eine einweihende Gottheit; Astartes Liebhaber sollten sich wünschen, in ihren Armen zu sterben, um wiedergeboren zu werden; Artemis war die jungfräuliche Göttin der Jagd, und Hekate die Göttin der Tiefen, des Geheimen, des Okkulten. Doch so unterschiedlich die Mythologie diese Gestalten auch zeichnet, sie alle bezeichneten jene Schwierigkeiten und Hürden der Sterblichen, die – mit ihrer Hilfe – zu überwinden unerläßlich war, um an Erfahrungen zu wachsen. Es verwundert deshalb nicht, wenn der Mond Träume wachruft und sein weißes Licht das Unbewußte der Seele auf der Suche nach dem Wahren, Guten und Schönen »gefangennimmt«.

Für die Heilige Astrologie ist der Mond das Sinnbild des Ewigweiblichen, des Mütterlichen, des Passiven, aber auch der Fruchtbarkeit. Das Idiogramm des Mondes kann verschiedene Formen annehmen, entsprechend viele Deutungen gibt es. Horizontal, die Zacken nach oben gerichtet, stellt die Mondsichel das Füllhorn dar, das den göttlichen Tau auffängt. Im übertragenen Sinne heißt dies, der Mensch soll sich der Erkenntnis öffnen, die die Sternenwelt ihm vermittelt. Der abnehmende Mond steht für Hekate, die Göttin der Finsternis und auch der dämonischen Kräfte, die im Verborgenen walten. Der zunehmende Mond hingegen ist Artemis geweiht, der Göttin einer von Vernunft getragenen Lebensdynamik. Mit ihren beiden Zacken nach unten gerichtet, versinnbildlicht die Mondsichel, wie bereits erwähnt, die Beherrschung und Meisterung instinktiver und leidenschaftlicher Kräfte, aber nur dann, wenn der Fuß einer Madonna sie berührt. Die Madonna stellt das reine, geläuterte, das geistige Universum dar, und ihr auf der Mondsichel ruhender Fuß bedeutet, ein Wandel fand statt, ein wesentlicher Wandel.

Die Heilige Astrologie verbindet die Sonne jedoch nicht mit dem Zeichen des Löwen und den

Mond auch nicht mit dem Zeichen des Krebses, obwohl beide Zeichen in ihrer jeweiligen Gegenüberstellung ihren besonderen Einfluß geltend machen. Häuser und Zeichen lassen sich im übertragenen Sinne als Klangfarben verstehen, da sie die verschiedensten rhythmischen Einflüsse erkennbar machen, die jener Lebensdynamik entspringen, die die Sonne ausstrahlt. Was vornehmlich von Bedeutung ist, ist die Beziehung Mond – Sonne, denn die gemeinsamen Wirkungskräfte werden stärker oder schwächer in der ständigen Begegnung mit dem Gesang der Sphären, also im unausgesetzten Zusammenklingen mit der Bewegung des Lebens je nach ihrem Standort, je nach dem Standort der Sonne und des Mondes. Bei Vollmond sind sie besonders aktiv. Welche Details in all diesen Überlegungen wirklich zum festen Wissensbestand der damaligen Astrologie, repräsentiert von den eingeweihten Priestern, gehörte, läßt sich heute nicht mehr sagen. Das Wissen wurde damals vorwiegend mündlich, nur selten schriftlich tradiert. Vieles ging verloren, und das die Zeiten überdauerte, gelangte auf unterschiedlichsten Wegen zu uns, verändert durch die jeweiligen Adaptionsformen. Doch sollte es in der Kenntnis und Erkenntnis des zu Deutenden möglich sein, die dichterischen, kosmogonischen, alexandrinischen, gnostischen, mystischen und initiatischen Deutungen von diesem Beiwerk zu befreien. Am verläßlichsten dabei scheint die gnostisch-hermetische Tradition, die sich auf Lehren stützt, die in den Einweihungstempeln der Antike nur Zugelassenen vorbehalten war und auch in den Eleusinischen Mysterien vermittelt wurden.

Die drei Etappen, die, dem Zodiakkreis entsprechend, im kosmischen Jahr durchschritten werden sollen, sind nur in der Vision eines ganzheitlichen Universums bewahrt. Sie liegt als eine Art konstante Größe allen Lehren, Kulten und Schulen zugrunde: das Prinzip der geistigen Substanz des Universums. Wenn das Universum substantiell geistig ist, wird es eine geistige Transmutation sein müssen, die seine Erscheinungsformen verändert. In den vier Stufen der Involution, der ersten Etappe, entstehen die Formen, die in der Verschiedenheit alles Bestehenden das Lebensprinzip verkörpern. Die vier Stufen der Evolution, der zweiten Etappe, offenbaren jene Wirkungskraft, jene Dynamik, mit der die Resonanz immer besser angepaßter Formen den ständigen Wechsel äußerer Umstände beantwortet. Die vier Stufen der Initiation, der letzten Etappe, offenbaren dann letztlich die Gesetze einer transzendenten Wirklichkeit, die sich als allumgreifende Ordnung in allem Bestehenden offenbart. Da es sich um vier Stufen in drei Etappen handelt, läßt sich sagen, daß die drei Quadranten des Zodiakkreises sowohl die »überweltliche« Vernunft in ihrem weltlichen Aspekt versinnbildlichen als auch die vier Elemente, die als Lithosphäre, Hydrosphäre, Atmosphäre und Biosphäre – also als Erde, Wasser,

Luft und Feuer – zu den Bedingungen der Existenz unseres Planeten gehören. Diese vier Elemente nun reichen ihre Botschaft auf drei verschiedenen Ebenen weiter:

1. Auf der Ebene der Involution repräsentiert die *Erde* das Begrenzte, den raum-zeitlichen Rahmen, das *Feuer* die auf der Erde wirksam werdende kosmische Energie, das *Wasser* das Urelement, aus dem alles entspringt, und die *Luft* die Bewegung, die Atmung und den Rhythmus.

2. Auf der Ebene der Evolution repräsentiert die *Erde* die Summe menschlicher Erfahrung, das *Feuer* die Lebensenergie, die alles der Vollkommenheit zuführt, das *Wasser* die Erkenntnis des Wesentlichen jenseits des Scheins, die *Luft* den Fortschritt wie auch die Fortschrittsspirale selbst.

3. Auf der Ebene der Initiation repräsentiert die *Erde* die der geoffenbarten Welt innewohnende Logik, das *Feuer* das Transzendente, die Erleuchtung, das *Wasser* das umfassende Bewußtsein, die *Luft* die geistige Entfaltung wie auch ihre Wirkungskraft.

Auf diese Weise offenbaren sich die transzendente Ordnung und ihre Harmonie in der Ureinheit alles Bestehenden als kosmische Triade: die Welt des Göttlich-Vollkommenen, die Welt des Logos, also des göttlichen Gesetzes, das der Schöpfung vorsteht, und die geoffenbarte Welt der Natur, zu der die Welt des Menschen gehört. Dies sind die drei großen Ebenen oder auch Klassen von Erscheinungsformen, von denen die gno-

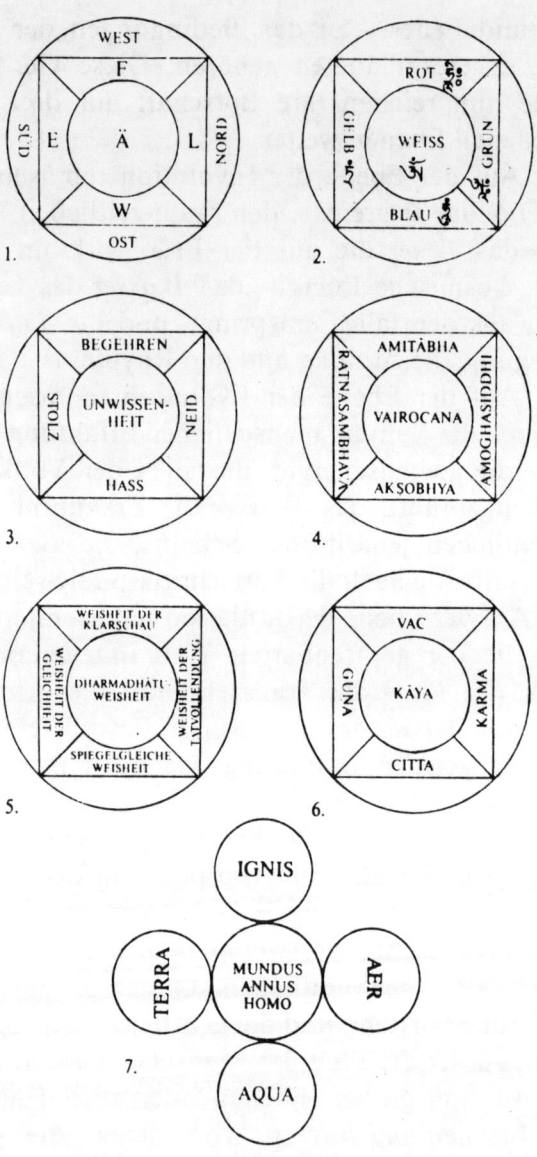

stisch-hermetische Tradition spricht. Die *Tabula smaragdina* sprach vom Wunder des Ureinen, vom Ureinen des göttlichen Gesetzes, dem Schlüssel aller Mysterien der Natur.

Auf diese Weise wird die pythagoreische Zahlenformel $1 + 2 + 3 + 4 = 10$ symbolisch deutbar. *Eins* ist das göttliche Prinzip, *Zwei* die Form, die es annimmt, um in der *Drei* das göttliche Prinzip und die allumfassende Vernunft zu offenbaren. *Vier* ist der Rahmen unserer Welt. Vier Flüsse strömen aus dem Paradies, den vier Grundfarben entspringen alle anderen Farben, und vier Reiter der Apokalypse stellen die Leiden des Menschen dar, wenn ihre Blindheit ihnen den Weg zum Licht versperrt. Wir werden in späterem Zusammenhang auf die Symbolik pythagoreischer Zahlen zurückkommen; hier sei nur erwähnt, daß der Zahl *Zwölf,* die ja die zwölf Monate unseres irdischen Jahres nachzeichnet, die Zahl der Tore des göttlichen Jerusalems ist, die Zahl der Apostel oder auch der Gralsritter, eine besondere Bedeutung eignet. *Zwölf* zerfällt in dreimal vier; so spiegelt die Zahl zwölf die göttliche Weisheit in den vier Welten wider. An dieser Stelle wird Symbolik nicht nur auf merkwürdige Weise greifbar, nicht nur mit zunehmender Dimensionierung konkret,

Abb. 9   Alchimistisches Schema der Elemente in Beziehung zu Mensch, Jahr und Welt. Nach der Darstellung aus der Offizin Zainer in Augsburg, 1472. (Detlef-I. Lauf, *Geheimlehren tibetischer Totenbücher,* Aurum Verlag, Freiburg i. Br. 1975.)

sondern in einem umfassenden Sinne ethisch zwingend. Damit befinden wir uns wieder bei der Heiligen Astrologie, die den gnostischen Pfad, den Weg zur inneren Reife, enthüllt, der Initiation als der Einführung in die Geheimnisse der Gesetze der Natur.[10] Alle im Kosmos wirkenden Energien unterstehen diesen Gesetzen, die sich in allem und jedem erkennen lassen. Insofern hat auch die Initiation eine wissenschaftliche Grundlage. Doch was in diesem Zusammenhang über wissenschaftliche Beobachtung und ihre wissenschaftliche Auswertung hinausgeht, wäre natürlich ein Wissenschaftsbegriff, von dem wir noch sehr weit entfernt sind und dessen bester Teil in seiner Vorbereitung das Faktum sein mag, von einer chronischen Vorläufigkeit wissenschaftlicher Ergebnisse genarrt zu sein.

Die drei Etappen des kosmischen Jahres sind eng miteinander verbunden, ihre Grenzen sind fließend – gleichsam ein Bild der Dreifaltigkeit. Es ist in allen Traditionen anzutreffen. Die drei Quadranten des Zodiakkreises versinnbildlichen zwar jeweils die vier Elemente, doch auch die vier Himmelsrichtungen und die vier Welten. Wesen, Bewußtsein, Substanz sind nur der dreifache Aspekt der Weisheit, die mystische Triade gnostischer Tradition. Weisheit wirkt in den vier Himmelsrichtungen des Universums und gehört in seiner Offenbarung der Zweieinheit an oder der Dyade von Raum und Zeit. Arithmetisch ist die Zwei eine Zahl, symbolisch ist die Zwei die Form,

90

die allem Bestehenden Ausdruck verleiht, da sie das göttliche Prinzip der Verschiedenheit seiner Ausdrucksmöglichkeiten offenbart. Deshalb ist auch jenseits jedweder Form nach jener Erkenntnis einer Wirklichkeit zu suchen, die durch die Erscheinungen getarnt wird. Genau dies meinen die Worte der *Tabula smaragdina:* »Das, was unten ist, entspricht dem, was oben ist, um das Wunder des Ureinen zu vollbringen.« Dieses Wunder ist das Wunder der Rückkehr zum Ursprung und der Schlüssel im Rebus des Zodiakkreises.

$1+2+3+4=10$ – diese Formel besagt im pythagoreischen Sinne, die Magie der göttlichen Weisheit löst die Bewegung des Lebens in den Abgrundtiefen der Natur aus, damit Erkenntnis werde, daß Liebe und demnach höchstes Verständnis höchste Magie sind.

Vielleicht sind wir deshalb selbst der magische Kelch des Lebenselixirs, das uns im Erwachen aller unserer Wahrnehmungsfähigkeiten den Weg zur Erleuchtung öffnet.

4
ZUR KUNST
DES WAHRSAGENS

Die Kreatur im Menschen hat Angst seit jeher – vor den Naturgewalten, vor der Übermacht anderer Menschen, vor der Anonymität des Schicksals schlechthin. Der Mensch begegnete ihr in einem psychischen und verstandesmäßigen Lernprozeß. Ihm lag daran zu überleben, aus eigener Kraft oder mit Hilfe einer göttlichen. Die Selbsterhaltung für den Augenblick genügte nicht, die Zukunft war wichtig und mit ihr die Sicherheit, sich auch gedanklich in ihr einzurichten. Der Mensch beobachtete die Natur – seine Angst trieb ihn dazu –, und das Resultat seiner Beobachtungen wandelte sich in Wissen, das ihn sicher machte. Doch machte ihn diese Sicherheit deshalb noch nicht frei. Er beherrschte die Naturgewalten nicht, mochten sie ihm nun auch nicht mehr fremd sein. Sein Leben blieb in ihnen gleichwohl ein Spielball. Diese Abhängigkeit versuchte er durch Bitte und Gebet, durch Beschwichtigung und Opfer zu regulieren. Die Neuzeit erfand nur andere Begriffe für diese Vorgänge. Denn die Angst blieb. Doch geht der heutigen Angst, in der sich der Mensch vielleicht noch nie so sehr selbst begegnete, eine lange Geschichte menschlicher Verhaltensweisen im Umgang mit dem eigenen Schicksal oder der eigenen Zukunft voraus. Heute können Eingriffe mit Hilfe von Wissenschaft und Technik ungeheure Energien auslösen und zur »Sprengung« unserer Welt führen. In der Frühzeit seiner Entwicklung war der Werdegang des Menschen magisch mit dem Wachstumsprozeß seiner Erkenntnis verbunden und ganzheitlich. In der heutigen Wissensexplosion verschwindet das beobachtete Phänomen hinter den Details seiner Aspekte. Verschwunden ist mit dieser Entwicklung auch ein ganzheitliches Weltbild; allein die Versuche, unsere Wissenschaftsdisziplinen an ihre Gemeinsamkeiten zu erinnern, ist kläglich gescheitert. Zukunft, wenn sie je verfügbar war, heute scheint sie uns gänzlich aus den Händen geglitten. Die naturwissenschaftliche Forschung hat bereits Mühe, rein theoretisch das Ziel ihrer Anstrengungen zu formulieren, geschweige denn, zukünftige Entwicklung vorauszusehen. So verändert sich der Mensch mit seinem von ihm veränderten Schauplatz. Längere Lebensspannen, neue medizinische Möglichkeiten, die Verwendung von Kunststoffen und künstlichen Produkten, seine gesamte Lebensweise führen zu einem Wandel, der allenfalls noch in der Vorstellung Mensch-Maschine Plausibilität findet. Einer allerdings sehr fragwürdigen Plausibilität. Denn mit der vorbehaltlosen Überantwortung an die Maschine hat der Mensch Verantwortung abgetreten, macht er selbst die Maschine zum unersetzlichen Partner seiner Bemühungen.[11] So wird Humanität um ihre Bezüge gebracht. Doch wäre es sicher falsch anzunehmen, ein Dispens der Maschine würde ihren Inhalt wieder füllen. Zudem ist die Maschine ohnehin nur ein Bild für eine Entwicklung, die aus dem Gleichgewicht geriet, und strapaziert ist dieses Bild sicher auch.

Vielleicht gelingt es uns, über die Angst selbst einen neuen Zugang zu gewinnen – in völlig anderer Weise nur als einst, da sie korrigierend wirkte. Denn Angst hat ja auch ihren Sinn. Berechtigt ist sie in unserem Fall, im Fall des Menschen, um so mehr, als man die Folgeschäden der Strahlung nicht kennt. Wie auch immer, Angst schwächt die Entwicklung der den Körper schützenden Abwehrstoffe. Jeden Angriff beantworten sie mit erhöhter Produktion, um so den Körper zu schützen. So hat auch in der Natur jedes Gift sein Gegengift.

Auch in diesem Wissen gehören wir zur Welt, sind wir mit der Welt verbunden und uns selbst eine Welt. Der Mensch sei das Maß aller Dinge – so hieß es in der griechischen Antike. Doch was hat es mit diesem Maß auf sich? Können wir dieses Maß formulieren, da es ja bereits das unsrige ist und dasjenige für uns sein soll? Wenn wir – und das geschieht heute, vielleicht wider besseres Wissen, allzuoft – die Möglichkeiten eines notwendigerweise zu erweiternden, aber noch nicht

erweiterten Weldbildes zur kosmischen Umwelt-
theorie gefrieren lassen, stirbt der neue Mensch,
nach dem wir suchen, noch bevor er eine wirkliche
Lebenschance besaß. Die Welt ist ein Symbol,
dessen Botschaft wir nicht ignorieren können.
Und diese Botschaft findet ihr Terrain mit Sicherheit nicht dort, wo uns das zweifelhafte Glück des
Alltags erwartet und Zukunft im Stich läßt, wir
belögen uns denn selbst.

Betrachtungen dieser Art zeigen eine gänzlich
veränderte Fragestellung hinsichtlich des Wahrsagens. Als Zukunftsvoraussage, die sie allerdings
nur in den höchst problematischen Formen ihrer
Anwendung ist (noch heute glaubt der herkömmliche Astrologe, in der mechanischen Handhabung
schematischer Regeln der Geburtskonstellation erschöpfend Auskunft zu entnehmen), scheint sie
jetzt gerade weniger verbindlich und notwendig
eher im Sinne einer Zukunftsvorbereitung. An diesem Punkt, angesichts des fragenden und von sich
selbst bedrohten Menschen, reichen Wissen und
Kalkulation um ein vorfindliches Modell nicht
hin; an diesem Punkt beginnt die Deutung als
Kunst. Der bloße Wunsch nach einer willkomme-
nen Antwort oder nach einer Antwort auf die
Haarspaltereien persönlichen Effizienzdenkens
verhöhnt den eigentlichen Sinn des Wahrsagens.
Wahrsagung will etwas ganz anderes; sie soll eine
Wahl erleichtern und ein Spiegel sein für ineinan-
derwirkende Möglichkeiten, die ins Bewußtsein
gebracht werden, weil Symbole unerkannte Fähig-

keiten im Gehirn wecken. Diese Fähigkeiten fördern eine Erkenntnis, die einem Bewußtwerden entspricht, nicht in der Form einer Antwort auf eine Frage, sondern im Verständnis, wie man selbst die richtige Wahl und Entscheidung treffen kann. In diesem Sinne wäre die Kunst des Wahrsagens eine Kunst des Lebens. Kunst überhaupt ist eine Sprache jenseits von Zeit und Raum. Sie hat, wie wohl nichts sonst, die Fähigkeit, ob in Wort, Bild oder Ton, etwas in Beziehung zu setzen, dessen Bezug vorher verborgen war. Sie hat die Fähigkeit, die Erscheinungen dieser Welt miteinander zu vermitteln und den Menschen in einen Spiegel schauen zu lassen. In dem Augenblick, da er sich darin erkennt, wird er frei; er erwacht nach der Arbeit des Erkennens. Das Verständnis dieser Zusammenhänge zu fördern, ist in ganz strengem Sinne der Kunst des Wahrsagens vorbehalten.

Die eingeweihten Priester von einst werteten die Beobachtung der Sterne zu einer Diagnose aus, die im wahrsten Sinne des Wortes eine Einsicht ermöglichte. So ergab sich als initiatische Stufe der Evolution ein Weltbild, das zum rechten Denken und Handeln veranlaßte. Die Kunst des Wahrsagens hing eng zusammen mit der Wahrnehmungsfähigkeit, der Sensibilisierung der Sinne. Intuition und Inspiration haben sehr viel damit zu tun. Doch um ihnen die Wege zu ebnen, um die Bedingungen ihrer Möglichkeit zu schaffen, mußten diese Priester sich von allen mentalen

Vorstellungen befreien und alle Voreingenommenheit fallenlassen. Sie hatten, so hieß es, die
Trennungslinie zwischen der sichtbaren und der
unsichtbaren Welt aufgelöst. Mit einer derartigen Schulung der Sinne und
des Geistes würden jene schöpferischen Kräfte
freigesetzt, die sich nur den bereits im Universum
waltenden schöpferischen Kräften anzuschließen
brauchten, damit Energien wirksam werden, die
nicht nur ein Menschheitsproblem wie das unsrige
heute lösen, sondern mithelfen, das Reich Gottes
auf Erden zu offenbaren. Der »überweltlichen«
Ordnung mit Hilfe der Heiligen Astrologie bewußt zu werden, ist nur eine andere Formulierung
für ein und denselben Zusammenhang.

Cicero verfaßte bereits eine eigene Schrift über
das Wahrsagen und beginnt mit folgenden Worten:»Es ist ein alter und von den Heldenzeiten
her von allen Völkern einstimmig angenommener
Glaube, daß es unter den Menschen ein Wahrsagen gäbe, das ist ein Vorgefühl, eine Wissenschaft
künftiger Dinge. Eine herrliche Gabe fürwahr,
durch die die sterbliche Natur der Götterkraft sehr
nahe kommt. Ich sehe kein Volk, weder so
menschlich und gelehrt, noch so roh und unge-
lehrt, das nicht an die Vorbedeutung künftiger
Dinge glaubte, die einige verstehen und vorhersagen können. Was ist es also für eine Verwegenheit,
durch das Alte befestigte und ehrwürdige Dinge
durch Verleumdung über den Haufen stoßen zu
wollen... Die Wahrsagung ist zweierlei, eine

100

künstliche oder natürliche. Die künstliche besteht teils aus der Voraussetzung, Vermutung, teils aus einer langen Erfahrung; die natürliche besteht darin, daß die Seele innerlich das Göttliche ergreift, daher wir reines Herzens sein sollten.«

5
WEISSE
UND SCHWARZE MAGIE

Das Wort *Magie,* nur allzuoft unter der schlechten Tradition falscher Anwendung und Fehlinterpretationen zusammengebrochen, ist ein im achtzehnten Jahrhundert aus dem Plural *magi* des lateinischen Substantivs *magus* eingedeutschtes Wort. Es bezeichnete einst die Mitglieder einer medischen Priesterkaste; erst später erhielt es die Bedeutung Traumdeuter, Zauberer, Betrüger. Es handelt sich um ein nicht genau zu ermittelndes Lehnwort aus dem Persischen: *magh, mah* oder Sanskrit *maha* = groß, trefflich. Auch im Alten Testament, Jeremias 39, 3 und 13 finden wir einen Hinweis auf den Fürsten von Sin-Magir, möglicherweise den Oberen des chaldäischen Magierordens, dessen Mitglieder aus den Sternen Naturereignisse und Schicksale weissagten. Bei den Parsen, Medern und Ägyptern verstand man unter Magie eine höhere Naturwissenschaft, zu der außer der Religionsphilosophie auch die Astrologie zählte. Ihre Repräsentanten waren die Priester, die Mittelspersonen zwischen Gott und den Menschen. Ihnen oblag die Einhaltung heiliger Riten bei den Opfern, die Heilung der Kranken und die Bewahrung der Geheimweisheit. Entweder waren sie selbst Fürsten, oder sie umgaben den Fürsten und waren seine Räte und dies unter der Voraussetzung bedingungsloser Gerechtigkeit, Wahrheit und Uneigennützigkeit. Die Vernachlässigung auch nur einer dieser Tugenden wurde hart bestraft. Von einem der altpersischen Könige heißt es, er habe einen Magier aufgrund von Bestechung hinrichten und seine Haut über denselben Stuhl spannen lassen, auf dem sein Sohn und Nachfolger später als Richter saß. So begegnet Magie bereits in ältester Zeit im ganzen Orient, und nicht bloß in Persien, als eine aus der menschlichen Anlage und grundsätzlichen Beschaffenheit hervorgehende allgemeine Eigenschaft. Kraft seines göttlichen Ursprungs, kraft seiner Teilhabe am Göttlichen wird der Mensch einer höheren Wirksamkeit fähig, die ihn zum Herrscher über seine eigene und auch über die äußere Natur macht. Doch so alt wie diese Wahrheit werden vermutlich auch die beiden Seiten ihrer Verwirklichung sein: Weiße und Schwarze Magie; das Janusgesicht menschlichen Willens ist ein Greisengesicht. Es scheint allzu verlockend, den »Zauberer« zu spielen. Doch haben wir in diesem Falle nur den dilettantischen Zauberlehrling vor uns, der ohne tiefere Selbsterkenntnis, wenn auch in der Kenntnis der Naturgesetze, doch im rücksichtslosen Umgang mit ihnen das Zaubern lernen möchte, im Grunde aber das Entscheidende vergessen hat. Das Bewußtsein des Weltganzen und dementsprechend die Verantwortung für sein in dieses Weltganze eingebundene Handeln kam ihm abhanden. Die Möglichkeiten der Freiheit wurden seit jeher unterschiedlich beantwortet. Die einen erkannten das göttliche Gesetz in sich, die anderen machten ein neues. Und es scheint, als führte ihre Ignoranz in ein endloses Leiden, eine Pathologie, durch Unwissen, Verblendung, Haß und Machtgier erzeugt, die als schwarz-magische Konsequenz von naturgesetzlicher Präzision abläuft. Das magische System ist das uns Enthaltende und das Rätsel der Menschwerdung unsere Antwort darauf. Wer sich auf diese Zentrierung des menschlichen Bewußtseins einläßt, ist in gewisser Weise bereits selbst Magier, das heißt auf dem Wege, frei zu sein, weil das Gesetz es »befiehlt«. Einige der anderen Wege kennen wir, doch brechen sie häufig vorzeitig ab und münden als Sackgasse. Dabei wären sie sehr wohl dazu angetan, den so entscheidenden letzten Schritt der Bewußtwerdung zu begleiten.

Die Naturwissenschaften definieren die Welt als ein komplexes Geflecht ineinanderwirkender Beziehungen, also als einen Komplex ineinanderwirkender Schwingungen. Schwingungen jedoch sind hörbarer oder unhörbarer Klang. Wir alle spielen auf dieser Geheimklaviatur der Naturkräfte und sind in der Lage, wissentlich oder nicht, Phänomene hervorzurufen, also »magisch« zu wirken. Bereits jedes Kind wird irgendwann

»magisch« tätig, in der Hoffnung, durch ein treffsicheres Betreten der »richtigen« Steine auf dem Schulweg Erfolg für die Prüfung zu erzwingen.

Und auch wir sind nach zweitausendfünfhundert Jahren aristotelischen Denkens immer noch in unseren tieferen Bewußtseinsschichten einem magischen Bewußtsein verbunden, das sich entweder offen in unserem trotzigen Anspruch expliziert, die Welt nach unserem Entwurf zu formen, oder verdeckt als Wunschdenken im nächtlichen Reich unserer Träume geistert. Beide sind ein Beweis für die Existenz »magischer« Schichten in unserer Psyche.

Wir sind alle Magier, denn unser Handeln orientiert sich an den Gesetzen der Natur, ob nun affin zu ihnen oder konträr. Inwieweit wir es wahrnehmen, inwieweit es uns bewußt ist, ist eine andere Frage. Und wem wäre schon ständig bewußt, wie sehr selbst unsere Worte magisch wirken können.

Das Feuer des »Himmels« und auch der »Hölle« haben denselben Ursprung. In jedem pulsieren die Lebensenergien, nur die Art und Weise, in der sie sich äußern, entscheidet über den Dienst an der Menschheit oder das egozentrische Ziel.

Magie ist das Rückgrat aller Religionen, auch der christlichen.[12] Der schlechten Tradition der Magie zufolge sieht sie sich zwar genötigt, sie zu verurteilen, anderseits kann sie nicht die magische Wirkung der Messe verhehlen. Exorzismus wie Transsubstantiation sind mystisch-magische Wirkungsweisen. Jedes Ritual – ob im Judentum, Lamaismus, Taoismus, Buddhismus, Islam – lebt durch sein magisches Element. Dieser Gedanke ließe sich erweitern bis zu jedem Inhalt überhaupt, der zu einer ihm eigenen Form findet.

Die Bibel ist voller magischer Vorgänge. Der Stab Aarons verwandelt sich in eine Schlange, das Rote Meer teilt seine Fluten, aus einem Stein sprudelt plötzlich Wasser. Unser Universum scheint überhaupt ein magisches Ganzes zu sein, in seiner Entstehung war es bereits magisch: »Es werde Licht, und es ward Licht.«

Wissend, nicht in willkürlichem Experiment, verbindet nun der wahre Magier die Ordnung des Makrokosmos mit den Gegebenheiten des Mikrokosmos. Im Bewußtsein des kosmischen Planes unterstellt er sein Wirken dem göttlichen Gesetz. Eine auf diese Weise »natürliche«, das heißt zur Natur gehörende Lebensenergie zieht zwangsläufig eine heilende Wirkung nach sich. Jeder dem göttlichen Gesetz zuwiderlaufende Beweggrund wird entsprechend, wenn überhaupt, nur kurzfristig von Erfolg sein. Wir sehen, daß Natur sehr viel mehr im Spiel ist, wenn wir mit ihr spielen. Wir sehen gleichzeitig aber auch, daß die Definition dessen, was Magie sein könnte, untrennbar an unseren Naturbegriff gekoppelt ist. Insofern wiederum ist es nur »natürlich«, wenn die Magie einer Epoche zur Wissenschaft einer anderen wird. Und wenn Physik die Erforschung aller experimentell und messend erfaßbaren sowie mathematisch beschreibbaren Erscheinungen und Vorgänge in der Natur ist, können wir sehr wohl mit S. Friedlaender sagen:»Magie ist entweder Schwindel oder Physik.« Nur enthebt uns auch dieser sicher sehr richtige Satz, der sehr schnell die große Konfusion all der schillernden Deutungsversuche, pendelnd zwischen Weißer und Schwarzer Magie, zerstreute, sicher nicht der weiteren Frage nach eben jener Physik, wie wir sie heute kennen, im künstlich, wenn auch zwangsläufig aufgefächerten Reigen der Wissenschaftsdisziplinen angesichts der Einheit der Natur.

Nicht nur um so begrüßenswerter, unentbehrlich sind deshalb die wissenschaftlichen Anstrengungen der Parapsychologie – auch dies nur ein provisorischer Vereinbarungsbegriff –, den einst als Produkten der Einbildung verschrieenen Phänomenen der Hypnose, der Telepathie, der Telekinese, überhaupt aller sogenannten PSI-Phänomene, auf die»natürlichen« Schliche zu kommen. Gleichwohl stehen Autonomie und Festigung des institutionellen Status der parapsychologischen Forschung heute noch aus, in Deutschland wie in der westlichen Welt.

Ein ähnliches Spannungsverhältnis wie dasjenige zwischen Physik und Magie finden wir zwischen Chemie und Alchimie. Bis ins siebzehnte Jahrhundert hinein hieß Chemie Alchimie. Erst als sie zur wissenschaftlichen Disziplin wurde, hatte sich Alchimie mit dem»Rest« zu begnügen. Er erschöpfte sich im Vulgärverständnis dessen, was nützt und erstrebenswert ist, mit der Goldmacherei. Wie viel jedoch Chemie der Alchimie zu verdanken hatte, wurde vergessen. Wir kennen diese Tatsache aus der historischen Arroganz der Astronomie gegenüber der Astrologie, in die irgendwann wieder einzumünden sie kaum wird umhin können. Alchimie war und ist die Wissenschaft der Wandlung überhaupt, nicht nur der Verwandlung von Blei in Gold. Könige und Kaiser, Päpste und Heilige waren Alchimisten. Denn eigentlicher Gegenstand der Alchimie bleiben der Mensch und das Destillat seiner Quintessenz. Demnach sucht Alchimie nach dem geistigen Gold. Im Vermögen dieser Suche ist sie eine königliche Kunst.

Auf einer Granitstatue der Isis in Phrygien sind folgende Worte eingemeißelt:»Ich bin alles, was war, ich bin alles, was ist, und alles, was sein wird. Kein Sterblicher kann meinen Schleier lüften.« Kein Sterblicher vermag es – aber ein Unsterblicher soll es versuchen, und unsterblich ist das »Sein« in jedem. Ihm die Zügel zu überlassen, heißt zu lernen, lebend zu sterben. Nur ein anderer, altbekannter Name für Philosophieren ist Sterbenlernen. Wer könnte uns besser dazu anleiten als das Leben selbst, das uns im täglichen Dasein bereits durch die Vergänglichkeit und die toten Dinge der Vergangenheit das Loslassen lehrt?

Kosmisches Ei – wächst du?
Dann wachsen wir auch!

Blühst du?
Dann blühen wir auch!

Ägyptisches Totenbuch

Im ägyptischen Mythos von Isis und Osiris sammelt Isis die vierzehn Teile des von seinem Bruder Seth zerstückelten Gottes Osiris und läßt ihn, dank der Magie des Toth, wieder auferstehen. Doch enthüllte sich Isis vor ihrem Sohn Horus, weil das männliche Glied von Osiris nach dem Mord nicht mehr auffindbar war; ein Fisch hatte es verschluckt. Insofern hatte Osiris seine virtuellen schöpferischen Kräfte eingebüßt. Im übertragenen Sinn gewann er sie durch seinen Sohn Horus zurück, er wurde durch Horus neu belebt. In einem Text des Mittleren Reiches heißt es: »Ob ich lebe oder sterbe, ich bin Osiris. Ich durchdringe dich, und durch dich erscheine ich wieder; ich vergehe in dir, und ich wachse in dir ... Die Götter leben in mir, weil ich in dem Getreide, das sie ernährt, lebe und wachse. Ich bedecke die Erde; ob ich lebe oder sterbe, ich bin die Gerste, mich zerstört man nicht. Ich habe die Ordnung durchdrungen ... ich bin zum Herrn der Ordnung geworden, ich tauche aus der Ordnung auf ...«[13] So wird Osiris zum Vorbild aller, die hoffen, den Tod zu besiegen. Mit seiner Hilfe wird aus einem kraftlosen Schatten eine »Person«, die wissend wird. Sie wird wissend in der Kenntnis ihrer eigenen schöpferischen Kräfte, die sie berufen machen, als Götterlehrling am göttlichen Plan, der ohne sie nicht verwirklicht werden kann, mitzuwirken.

Der schwarze Stein der Isis, die Kaaba in Mekka, die schwarzen Madonnen unserer Kathedralen – sie alle sind in merkwürdiger Weise verbunden. Die Kathedrale von Chartres, die anstelle eines kultischen Heiligtums gebaut wurde, ist einer dieser göttlichen Jungfrauen geweiht. Sie ist dargestellt auf den wunderbaren Glasfenstern, in einer Kapelle und in der Krypta. Chartres ist ein Name, der vom keltischen Carnut-Is abgeleitet wird. Carnut-Is waren die Hüter des Steins der Isis, und dieser Stein, sagt die Legende, verwandelte sich in eine schwarze Jungfrau, als einem dort ansässigen Weisen verkündet wurde, sie würde dem Sonnensohn das Leben schenken.

Die sogenannten Bücher der Magie sind nicht immer Bücher oder Schriften. Die Geheimnisse der Kräfte der Natur wurden uns auf unterschiedlichste Weise übermittelt. Es ist die Wucht der Masse der Pyramiden, es sind die zum Himmel strebenden Türme der Kathedralen, die Steinrotunden der Megalithzeiten, die Tempel des alten Ägypten wie die Griechenlands – die Schönheit der Formen sollte die Erhabenheit des Göttlichen offenbaren. Und sie tat dies bereits im alten Ägypten in den Zahlen und Figuren, im lebendigen Umgang mit den Zahlen, im lebendigen Umgang mit der Geometrie.

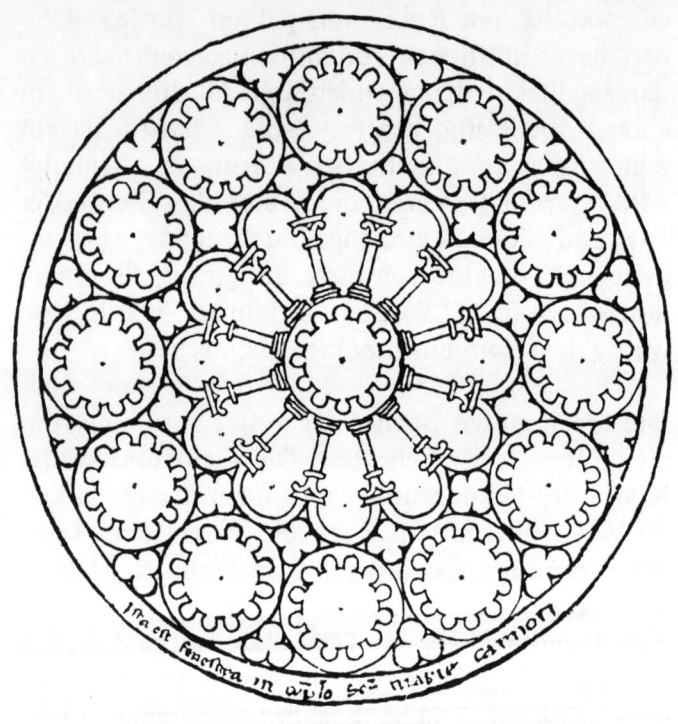

Abb. 10 Fensterrose als stilisierte Darstellung des Himmlischen Jerusalem. Dom von Chartres, 13. Jahrhundert. (Inge von Wedemeyer, *Der Pfad der Meditation im Spiegel einer universalen Kunst,* Aurum Verlag, Freiburg i. Br. 1977.)

114

Der Drache der Apokalypse hat sieben Köpfe und zehn Hörner. Kapitel 13,17 endet mit den Worten:»Wer Verstand hat, berechne den Zahlenwert des Tieres, denn es ist die Zahl eines Menschennamens. Seine Zahl ist sechshundertsechsundsechzig.« In der geheimnisvollen Zahl 666 erscheint die Zahl 6 dreimal. *Sechs* ist eine Zahl der erhabenen Ordnung und der natürlichen Schönheit. Der sechszackige Stern, gebildet von zwei ineinander verschränkten Dreiecken, das sogenannte Siegel Salomons, ist sein geometrischer Aufriß. Um das Versiegelte zu erkennen, muß das Siegel erbrochen werden. Symbolisch stellt das Siegel Salomons den Logos dar, der sich in seiner Schöpfung erkennt. Die göttliche Dreieinigkeit, die das mit der Spitze nach oben weisende Dreieck versinnbildlicht, spiegelt sich in allem Bestehenden. Das mit der Spitze nach unten weisende Dreieck ist das Bild dieser Spiegelung.

6, zur zweiten Potenz erhoben, ergibt *36,* die bedeutungsvolle Zahl der pythagoreischen Tetraktis, die symbolisch das Wesen und die Wurzel der Geheimnisse der Natur enthalten soll. *6,* zur dritten Potenz erhoben, ergibt *216,* die Geheimzahl des Mondes. Erinnern wir, daß die Geheimzahl der Sonne *108* ist, und daß *zweimal 108 216* ergibt.

Hundertundacht Perlen sind es, die den buddhistischen Rosenkranz bilden. Hundertundacht Grad mißt der äußere Winkel des fünfzackigen Sterns, des Pentagramms, dem Symbol des Menschen, dem Symbol menschlicher Erkenntnis. Der Zodiakkreis wird in sechsunddreißig Dekane eingeteilt. Jedes Dekan zählt zehn Grad, und sechsunddreißig Dekane sind somit mit den dreihundertundsechzig Grad des Kreises identisch. Drei Abschnitte teilen jedes Dekan, das heißt der Zodiakkreis enthält hundertundacht Abschnitte.

Die kosmische Bedeutung der Zahl *108* wird offensichtlich, wenn man sich vergegenwärtigt, daß die Zahl *10* die Vollkommenheit versinnbildlicht und die Zahl *8* die kosmische Windrose, Sinnbild der »überweltlichen« Harmonie. *36* ist die Zahl der Tetraktis – wir erwähnten es. Sie enthält in einer ihrer verschiedenen Auslegungen die Gesetze der Akustik wie auch die des homothetischen Wachstums, des Wachstums ohne Veränderung der Formen – ein Wunder der Natur.

Wenn man alle in der Zahl *36* enthaltenen Zahlen addiert, also $1 + 2 + 3 + \ldots + 35 + 36$ ergibt sich die Summe *666*.

Die einzige Teilung des Kreises in gleichmäßige Abschnitte ist die Teilung in sechs Segmente. Jedes der Segmente entspricht dem Radius des Kreises und bildet symbolisch die Verbindung des Innen mit dem Außen. Nicht anders beim Zeichnen eines Kreises; die Zirkelöffnung bestimmt den Radius, sie veranschaulicht die Beziehung der Mitte zum Ganzen. Erinnern wir in diesem Zusammenhang, daß der Kubus der erste regelmäßige Körper ist, er hat sechs Flächen. Das Wasser, die Ursubstanz alles Bestehenden, kristallisiert

116

sich im Hexagonalsystem. Die chemische Synthese von Kohlenstoff, Sauerstoff und Wasserstoff ergibt die erste organische Verbindung, das Kohlehydrat. Die Atomzahl des Kohlenstoffs ist *sechs,* und um ein Molekül Kohlehydrat herzustellen, sind *sechs* Moleküle Wasser und *sechs* Moleküle Kohlenstoff notwendig. Das Atomgewicht des Wassers beträgt *achtzehn,* also *dreimal sechs.* Da *sechs* Atome benötigt werden, um zum Kohlehydrat zu gelangen, läßt sich die Summe von *108* aus *sechsmal 18* leicht errechnen. Man könnte von Zufall sprechen, aber Zufall ist ja nur das inkognito waltende Gesetz.

Damit nun Kohlenstoff und Wasser keine nasse Kohle ergeben, ist (natürlich teleologisch formuliert) das Wunder der Photosynthese unerläßlich. Dank dem Chlorophyll verwandeln sich die Sonnenstrahlen in Pflanzen, Kohlenstoff und Wasser zur lebenswichtigen Nahrung verbindend, ohne die die Welt nicht bestünde. Unsere Phantasie nimmt ihren Weg: *108* multipliziert mit *6* plus $\frac{1}{6}$ von *108* ergibt *666*. Nun ist $\frac{1}{6}$ die Umkehrung von *sechs,* und die Magie der Umkehrung soll ja zur Erkenntnis führen. Ist nun unsere Phantasie zu weit gegangen, oder wäre *666* wirklich ein Kryptogramm, eine geheime Formel, dessen Entzifferung der Intuition und der Eingebung überlassen werden muß, obwohl, wie nicht abzustreiten ist, die Ratio an diesen Entsprechungen und an dieser Verfolgung des Gedankens ihren Teil hat? Zufall oder tiefes Mysterium?

Ein weiterer der alten Papyri übermittelt uns die aufschlußreichen Worte des Toth-Hermes: »Höret in euch hinein und nehmt das Unendliche der Zeit und des Raumes wahr, lauscht dem Gesang der Sterne, versteht die Sprache der Zahlen und erschaut die Harmonie der Sphären. Wie wirken die Sterne? Was offenbaren die Sphären? Die Sterne weben, die Zahlen vermitteln, die Sphären offenbaren euer Schicksal.«

6
DAS DRAMA DER DUALITÄT

Alle Dinge, die in Erscheinung treten, haben als Erscheinung zwei Seiten, zwei Aspekte, zwei Pole. Doch bereits dies ist ein weiter Weg, den Erkenntnis zurückzulegen hat, um von der erdrückenden Fülle der Gegensätze zum Prinzip der Polarität zu gelangen, die diese Gegensätze in der absoluten Konsequenz der Erscheinung auflöst als ausschließlich zur Erscheinung gehörend. In dem Augenblick, da wir die Gegensätze als Pole ein und desselben Dinges erkennen, bezeichnen sie nur noch graduelle Unterschiede und lenken den Blick auf jene Zusammenhänge, die überhaupt in der Lage sind, sie als Grade einzustufen. Doch verfährt unser Erkennen diskursiv, es benötigt den Gegensatz, an dem es a priori, vor aller Erfahrung, gleichsam strukturell entworfen wurde. Selbst dann, wenn wir die Welt zum Symbol machen, dessen Botschaft wir verstehen lernen sollen, umgehen wir das Dilemma nicht, zu eben dieser Welt zu gehören und sogar in uns selbst eine Welt zu sein. Das Drama der Dualität reicht hinein in die Bedingungen, unter denen wir gewohnt sind zu erkennen. Es intuitiv durch Anschauung zu tun, erst dies könnte vielleicht den »Jammer enden, der unser Erbteil«. Doch liegen zwischen diskursivem und intuitivem Erkennen die Möglichkeiten der Bewußtmachung. Deshalb wurde unter anderem in den Eleusinischen Mysterien versucht, bei dem Adepten Inhalte und Kräfte des Unbewußten zu aktivieren. Seine Sinne, seine Wahrnehmungsfähigkeit wurden geschult. Der Adept sollte zunächst sich selbst begegnen, um in sich den Kampf zu erkennen, der als mikrokosmisches Parallelgeschehen zum großen Kampf des Makrokosmos auszutragen war. Im Menschen fand er statt als Kampf des eigentlich Menschlichen mit dem »Tierischen«. Das Sein und die Kreatur, so meinte man, sei eine unteilbare Dualität im In-dividuum. Sie ist zwar die Garantie für sein physisches Fortbestehen, verlangt ihm jedoch gerade angesichts des Ziels der Evolution, sich in den kosmischen Plan des Fortschritts einzufügen, die Überwindung ab. Der kosmogonische Mythos der Griechen hatte genau diesen Kampf zu seinem Thema. Die mythologischen Gottheiten waren Götter mit menschlichen Schwächen; das mythologische Spiel begann.

Dem wohlgeordneten Kosmos war als Vorstufe das ungeformte Chaos vorausgegangen. Als mit unbegrenztem Urstoff begrenzter Raum war es die Vorstufe der Erscheinungen überhaupt. Uranos vertrat dann als Himmelsgott die Fülle aller schöpferischen Möglichkeit. Ihm zur Seite stand seine Gattin, die Erdgöttin Gaia. Beider Kinder sind die Titanen und die Kyklopen. Als Uranos die Kyklopen aus Angst und Haß in den Tartarus verbannte, hetzte Gaia ihren jüngsten Sohn Kronos gegen den Vater auf. Kronos entmannte Uranos mit einer Sichel und stieß ihn vom Thron. Aus Angst vor einem ähnlichen Schicksal verschlang er alle seine Kinder bis auf Zeus, den seine Gattin vor ihm verbarg. Der heimlich heranwachsende Zeus entthronte schließlich seinen Vater und stürzte ihn in den Tartarus.

So enthielt mythologisch die »erste« Dualität im Keim die gegenseitige Ergänzung aller nur scheinbaren Gegensätze. Uranos – Gaia: Himmel – Erde, das Subtile und das Dichte, das Licht und die Finsternis, die Freude und das Leid, sie alle sind die zwei Pole einer einzigen Wirklichkeit. Die Beziehung, die Uranos mit Gaia einging, entfesselte die Kyklopen, irdisch-chthonische Kräfte, die die Ozeane und die Vulkane in Aufruhr brachten und die Kontinente entstehen ließen. Sie schmiedeten Zeus die Donnerkeile und waren später die Gehilfen des Hephaistos. Zu finden waren sie an vulkanischen Orten. Aus der gigantischen Vermischung aller Kräfte entstanden die vier hyperphysischen Grundelemente, aus denen der Stoff besteht: Feuer, Erde, Luft und Wasser.

Die Zyklopen unterwarfen sich der Hierarchie der ordnungsliebenden Götter, weil sie dem kosmischen Plan dienen wollten. Nicht so die Titanen, die sich dem Licht des Himmels widersetzten. Nur einer von ihnen, Prometheus, brachte den Menschen das Feuer des Himmels, damit sie nicht das Opfer seiner Brüder würden. Er zahlte einen hohen Preis dafür. Und das Drama der Dualität nahm seinen Fortgang. Uranos kämpft zwar erfolgreich gegen die Titanen und wirft sie in den Tartarus, doch bezwingt ihn Kronos, indem er das Dasein in die Zeit stellt. Durch einen scharfen Schnitt werden Zeit und Himmel ein für allemal voneinander getrennt. Im Takte unseres Chronometers verzehrt sie uns bis auf den heutigen Tag. Denn seitdem ist Kronos selbst gezwungen, seine Kreaturen, seine Kinder, zu verzehren. Die Ewigkeit ging verloren.

Gaia, die Erde, blieb jedoch mit Uranos, dem Himmel, verbunden, um auch weiterhin den göttlichen Tau zu empfangen, der ihre Fruchtbarkeit erhielt. Kronos will der irdischen Energien Herr werden und wirft deshalb die schöpferischen Organe des Uranos ins Meer. Diesem Blut des Uranos entspringen die Erinnyen, die unentwegt alle jene verfolgen, die sich der Beherrschung der Zeit unterwerfen und die Ewigkeit vergessen. Sie personifizieren gleichsam den Schuldkomplex der Erde, das schlechte Gewissen angesichts der Weigerung und der Unfähigkeit, sich über die Beschränkungen seines mentalen Universums zu erheben. Alle dunklen Kräfte des Unbewußten wirken im Rahmen dieses mentalen Universums. Es ist die Unterwelt, die den Menschen anzieht und in die er eindringen soll, doch nur, um wie Orpheus seine Wahrnehmungsfähigkeiten zu erproben, indem er sich, aus Angst, sich zu verlieren, nicht umdreht.

Aus den von Kronos ins Meer geworfenen schöpferischen Organen des Vaters erstand die Schönste aller Göttinnen, Aphrodite. So heißt der Schaum des Meeres, und so ist Aphrodite die Göttin der dem Meerschaum entsprungenen Schöpfung. Sie verkörpert nicht nur die ununterdrückbaren Kräfte der Fruchtbarkeit, sondern vor allem jene Kräfte, die in der Liebe sublimiert werden. Die Gattin von Kronos, Rheia, zuweilen auch Kybele genannt, war eine Göttin der Naturkräfte. Die Kinder, die sie ihrem Mann gebar, verschlang Kronos sofort. Um ihren Letztgeborenen, Zeus, zu retten, reichte sie Kronos einen in Windeln gewikkelten Stein, den er verschluckte. Als Zeus heranwuchs, zwang er den Vater, seine Brüder und Schwestern wieder zum Leben zu erwecken. Dem Geist ward Recht, und die Zeit mußte sich begnügen zu sein, was sie ist. Dies wiederum mißfiel den Titanen, den dunklen Kräften, die den Geist leugnen, den Zeus repräsentierte. Um Zeus nun die Möglichkeit zu geben, die Titanen zu besiegen, schmiedeten die Zyklopen ein Schwert, das sie im Feuer des Intellekts härteten. Dieses Schwert ist das Symbol des Geistesblitzes. So besiegte Zeus durch den Blitz des Geistes die Titanen. Sie übertrugen darauf Typhon die Aufgabe, ihren Kampf weiterzuführen. Typhon ist ein Ungeheuer mit hundert Köpfen, und ihm gelingt es, die Sehnen am Fuß des Zeus zu durchschneiden. Nun hinkte der Geist. Wir dürfen dabei allerdings nicht vergessen, daß sich die Griechen damals den Sitz der Seele in der Fußsohle dachten, denn dort ist sie ein Zentrum, das die Horizontale der Erde mit der Vertikalen des Himmels verbindet. Durch seinen Erfolg verblendet, schuf Typhon weitere Ungeheuer, wie den Minotaurus, die Medusa, den Drachen und die Chimäre, doch setzte sich Zeus zur Wehr. Geheilt, schmetterte er Typhon durch einen Geistesblitz nieder – vielleicht ein Bild für die beim Menschen unvermittelte Einwirkung von Intuition und Inspiration.

Typhon hatte eine Tochter, Echidna, halb Frau, halb Schlange. Sie war die Mutter des Zerberus, und Zerberus war der Hüter des Reiches der Finsternis. Echidna führte den Kampf des Vaters fort. Sie verkörpert die Habsucht und den stolzen Wunsch des Intellekts, den Geist zu meistern, obwohl der bloße Intellekt unfähig bleibt, sich zu den oberen Regionen, in denen das Licht des Geistes strahlt, aufzuschwingen.

Im Bewußtsein eines letztlich müßigen, nutzlosen und unentschiedenen Kampfes regiert Zeus auf Olympos und überläßt Echidna ihren Bemühungen. Olympos befindet sich auf dem Gipfel des geheimen Berges, ein geheimer Weg führt dorthin, Echidna findet ihn jedoch nicht, denn auf dem Gipfel herrscht Harmonie, die von den Klängen der Lyra Apollons ausgeht, jener Lyra, die Hermes, der dreimal Große, dem Sonnengott ver-

126

machte, um ihn zum Herrn des Lebensrhythmus zu machen.

Die Evolution schreitet in einer konzentrischen Spirale fort, und die Planeten sind gleichsam die Musikinstrumente. In ihrer Bewegung verlängern oder verkürzen sie die unsichtbaren »Saiten«, die jeweilige Entfernung, die sie von der Erde und zwischen sich haben. Die Schwingungen dieser unsichtbaren Saiten erzeugen in ihrer gegenseitigen Resonanz einen Klang, der auf alles Bestehende einwirkt. So schwingt die Lebensdynamik im Rhythmus der Weltseele, alle Erscheinungen der geoffenbarten Welt entstehen mit und durch diesen Rhythmus, durch die unterschiedlichen Frequenzen und Intervalle einer ungeheuren Klangkomposition. Dieser »Gesang der Sphären« erklingt im Takt der Sonnenenergie, die alle Energien aus sich entläßt. So sahen bereits die ägyptischen Astrologen in der Sonne die Quelle aller Rhythmen und im Mond den Spiegel, der sie als Echo weiterleitet. Der wohltuende oder schädliche Einfluß dieses Echos hinge ab von den sich fügenden oder sich aneinanderreihenden Schwingungen entsprechend der jeweiligen Stellung der Himmelskörper. War die Sonne zum Beispiel von zwei weiblichen Planeten umgeben, wurde göttliche Harmonie freigesetzt.

Makrokosmos und Mikrokosmos folgen dem Gesetz der Harmonie, sie sind die zwei Pole ein und derselben Wirklichkeit. In ihr sind das Ewige und das Vergängliche ungetrennt. In ihr begegnen sich das All und die Vielheit, das Gesetz und die Gesetze, das Prinzip und die Prinzipien, der unendliche Geist und der endliche Geist, Licht und Finsternis, Gut und Böse, Liebe und Haß. Selbst Mut und Furcht oder Gleichmut und Angst treffen sich in dieser einen Wirklichkeit. Wenn wir diese durchgängige Polarität im Wesen der Dinge erkennen und die Einheit, die sich mit ihr expliziert, wird es das »Faktum« dieser Einheit sein, die dazu befähigt, auf der Linie der Polarisation den einen Zustand in einen anderen zu verwandeln. Dabei erfolgt nur ein Wechsel der »Vorzeichen«, nur ein Entlanggleiten auf derselben Skala, durch Senkung oder Steigerung der jeweiligen Schwingungen. Nicht anders, als sich ein tiefer Ton in einen hohen, Kälte in Hitze verwandeln läßt, läßt sich Haß in Liebe, Angst in Gelassenheit verwandeln. Dies ist sogar möglich in Form der geistigen Induktion, der Übertragung der Polarisation eines bestimmten geistigen Zustandes auf einen anderen Menschen – dem so wichtigen Terrain der geistigen Behandlung und im besten Sinne der Psychotherapie. Die Heilige Astrologie des Altertums wußte sehr wohl um den Rhythmus der Erscheinungen im Abglanz der kosmischen Rhythmen und das Prinzip der Polarität, an dem sie diesen Rhythmus immer wieder neu entwirft. Der Ausschlag des »Pendels« erreicht zwar nur selten die Pole, doch geht er immer in Richtung erst des einen und dann des anderen Pols. Zwischen diesem Sich-Ausdehnen und Wieder-Zusammenziehen liegen die Entstehung der Welten (wir kennen das Bild vom Ausatmen und Einatmen Brahmas) wie ihr Verfall: Geburt, Wachstum, Reife, Niedergang, Tod und Wiedergeburt. So gaben beobachtbare Zusammenhänge Aufschluß über nicht beobachtbare, sichtbare über unsichtbare. Im Tag lag die Nacht beschlossen und im Jetzt das Morgen. Deshalb war das Wahrsagen nicht mechanisch erlernbar, sondern wirklich eine Kunst, die sich an den Rhythmen eines Gewebes orientierte, in das die Parzen die Arabesken unseres Schicksals mit einweben. Dieses Wahrsagen stützt sich nicht auf unveränderlich Geglaubtes, sondern auf die Erschließung gerade der veränderlichen Komponenten im Sinne der Polarität. Die Sterne »träumen« das Leben noch, erst das Leben selbst gibt ihnen Bescheid. Deshalb formulierte Johannes Kepler: »Wir reden nicht von der Tätigkeit der Sterne, sondern von der Empfänglichkeit ... in den Naturen der irdischen Körper.« Die Sterne veranlassen, aber zwingen nicht. Nichts ist vorherbestimmt, nichts ist festgelegt. Die Gegner der Astrologie behaupten zu unrecht, sie verleite zu einem Sichtreiben-Lassen, zu einer Überantwortung an Vorgegebenes, die die Entscheidungsfreiheit dispensiert. »Die Sterne weben ...« – so hieß es in einem der alten Papyri, die Platon offensichtlich gekannt hat, denn entsprechend sagt er selbst: »Den gemeinsamen Reigen der Himmelskörper zu beschreiben, ihre gegenseitige Stellung am Firmament kenntlich zu machen, sei es, daß ihre Bahnen sich überschneiden oder sich überholen oder auch sich zuvorkommen, ihre Verdunkelung wie auch kommende Ereignisse vorauszusehen, all dies würde die Menschen beunruhigen, die unfähig sind, es zu verstehen. Es wäre somit eine unnütze Mühe, wenn man nicht gleichzeitig eine Vorstellung erleichtert, welche diese Phänomene veranschaulicht.« Auch dieser Kommentar spricht von der gebotenen Vorsicht im Umgang mit den Sternen. Nicht ohne Grund dauerten deshalb die Lehrzeiten für die Adepten in den alten Mysterienschulen sehr lange. Denn über ihre Befähigung am Ende entschied nicht so sehr das exakte Wissen, sondern der Umgang mit diesem Wissen, der Zustand der Bereitschaft des Herzens und der Seele. Den »Gesang der Sphären« kann nur das innere Ohr vernehmen, nur jenes Ohr, das den Mißklang, das Getöse der Welt, horchend durchdringt. Zur Infrastruktur einer Ordnung dringt jedoch nur vor, wer die äußeren Strukturen durchlaufen hat. Für den pythagoreischen Eingeweihten war dies selbstverständlich, für ihn lag hier der Weg des Erkennens, das gleichzeitig ein Handeln ist. Denn um an der Harmonie des Universums mitzuwirken, war nötig, das Ohr für ihren Klang überhaupt erst empfänglich zu machen.

Pythagoras, der Meister von Samos, hatte viele Jahre lang in Ägypten gelebt und sein Wissen aus dem Wissensschatz der Pharaonen bezogen. Wir wissen heute nicht, ob und wieviel von seinen Kenntnissen er niederschrieb. Dennoch war das

Geheimnis seiner Lehre wohl verwahrt, und es fand seinen Weg durch die Jahrhunderte von Mund zu Ohr. Platon scheint einer der wenigen gewesen zu sein, die vom Schwur der Geheimhaltung entbunden waren. So finden sich bei diesem großen Philosophen neben exakten Beschreibungen bildhafte Rätsel, deren Deutung noch heute aussteht. Der symbolische und rätselhafte Aspekt seiner Aussagen wurde über der minuziösen Arbeit der Gräzisten und Philosophen allzuoft vernachlässigt. Dabei war die Symbolik der Zahlen und der Geometrie von hervorragender Bedeutung. Wir finden den Hinweis hierauf bereits in dem Spruch über dem Portal der Platonischen Akademie: »Ein der Geometrie nicht Kundiger soll nicht eintreten!« Die Geometrie ist gleichsam ein Code; wer sie ignoriert, verliert den Schlüssel zu einer ganz wesentlichen Dechiffrierung unserer Welt. Deshalb kann auch Philosophie auf Geometrie und Mathematik nicht verzichten. Um so wichtiger ist es, ihre tragende Rolle in den platonischen Gleichnissen und Bilderrätseln zu erfassen. Unser Verstand wird kaum erschöpfend über sie Auskunft geben können, anders die »höchste Vernunft«, deren Geheimnis es sei, so heißt es von Pythagoras, Verbindungen zu erkennen, die zwischen Dingen entstehen, die keinerlei Verbindung zu haben scheinen.

7

DIE VERWANDTSCHAFT
DES LEBENDIGEN

Gott, so hieß es einst in der Heiligen Astrologie des Altertums, schläft im Gestein, träumt in der Pflanze, fühlt im Tier und denkt im Menschen. Das Drama der Dualität verfängt sich in den Erscheinungen, doch Gott fängt es auf. Unter dieser Voraussetzung entstehen die Phänomene, unter dieser Voraussetzung wandeln sie sich, unter dieser Voraussetzung können wir sie verwandeln, nur unter dieser Voraussetzung wird der Gedanke des alchemischen Prozesses in der Entwicklung der Menschheit verständlich. Es ist die Einheit des Verbindenden und Trennenden selbst, in der gerade angesichts der Möglichkeit des Trennbaren in der Pendelbewegung alles mit allem verbunden ist. Hierin liegt der wahre Grund der Ökumene und nur der vermeintliche einer durch Erscheinungen vorgetäuschten Wirklichkeit. Die Wirklichkeit der Erscheinungen ist so real wie die Wirklichkeit, die sie entläßt. Das Refugium der Täuschung wäre selbst eine Täuschung. »Der Geist, der stets verneint« boykottiert den Ausschlag eines Pendels, von dem er nicht weiß, daß er sich ihn zunutze machen kann – und dies angesichts eines Anschauungsmaterials, wie es uns besser als in der Form des Zodiak gar nicht vermittelt werden kann. Dem Wort *Planet* liegt das griechische Wort *plános* = irrend, umherschweifend zugrunde. Und die Planetenskala soll ja die Beziehungen, die den Makro- mit dem Mikrokosmos verknüpfen, veranschaulichen. Die Sonne ist das Zentralgestirn des Lichts, der Mond der Spiegel dieses Lichts und auch der Spiegel aller Energien, die von den fünf anderen Planeten ausgehen. Dies meint nicht, daß die Antike nur diese fünf Planeten kannte. Darüber wissen wir viel zu wenig, und es ist unwahrscheinlich, daß sich der hohe Wissensstand der damaligen Zeit mit diesen fünf »Planeten« begnügte. Es ging ausschließlich darum, Entsprechungen zu veranschaulichen, in denen die fünf umherschweifenden Himmelskörper und auch der Mond analog ihrer eigenen Bewegung und infolge ihrer um die Sonne verlaufenden Bahnen ein gleichsam musikalisches Beziehungsnetz knüpften, dessen dynamischer Einfluß allen Himmelskörpern der Skala ihre besondere Klangfarbe verleiht.

So dachte man sich den Saturn als den für die Urteilsfähigkeit zuständigen Planeten, Jupiter als den, der mit Edelmut begabt, Mars als denjenigen der Leidenschaft; von der Sonne kam die Freude, von Venus die Liebe und von Merkur die Erkenntnis. Und der Mond wiederum nahm Einfluß auf alles Lebendige durch seine eigene Resonanz auf die Schwingungen aller Planeten. Die Mondbahn ist elliptisch, unser Trabant nähert sich der Erde oder entfernt sich von ihr in einer aufsteigenden oder abfallenden Bahn. Entsprechend ändert sich der Widerhall aller dynamisch wirkenden Kräfte. Erinnern wir, daß die Ekliptik den großen Kreis der Himmelssphäre darstellt, den das Sonnensystem in seiner sichtbaren Bewegung beschreibt. Vier Punkte kennzeichnen die jeweiligen Schnittpunkte von Sonnen- und Mondbahn einerseits und die entferntesten wie die am nächsten liegenden Standorte des Mondes in seiner elliptischen Bahn andererseits; sie sind von Wichtigkeit. Die zwei Schnittpunkte der Sonnen- und Mondbahn werden als aufsteigender oder absteigender Mondknoten bezeichnet, die zwei Endpunkte der großen Achse der Mondellipse als Apogäum und Perigäum.

Einst bezeichnete man den entferntesten Standort des Mondes von der Erde als *Lilith* oder den Schwarzen Mond, das Apogäum der Mondbahn. *Drachenkopf* hieß der Schnittpunkt der Sonnen- und Mondellipse in der aufsteigenden Bewegung unseres Trabanten; *Drachenschwanz* hieß der Schnittpunkt auf seiner absteigenden Bahn. Die imaginäre Achse, die den Drachenkopf mit dem Drachenschwanz und die ebenso imaginäre Achse, die den Stand des Mondes im Apogäum mit dem Standpunkt des Mondes im Perigäum eint, überlagern sich alle sechs Jahre. Die Astrologen aus alter Zeit schrieben diesem Sechsjahreszyklus fundamentale Bedeutung zu. Dem Gesetz der Umkehrung und seiner Magie entsprechend, waren sie sich bewußt, daß mit Hilfe des Binoms sechs und seines Gegensatzes ⅙ die Eigenart irdischer und himmlischer Phänomene entschlüsselt werden kann.

Ein Beispiel aus der Bibel mag die Gleichzeitigkeit von Plausibilität und logischer Unbeweisbarkeit demonstrieren. Vielleicht tun wir, mit aller Vorsicht, gut daran, unserer Phantasie angesichts dieses Beispiels – wir erwähnten es bereits in Kapitel 5, Seite 117 – freien Lauf zu lassen, damit wir uns nicht bereits zu Beginn in den Grenzen unserer eigenen Beweisführungen verfangen. »Vor lauter Bäumen« wären wir blind für den »Wald«. In einem freien, doch kontrollierten Spiel der Assoziationen reagieren wir oft sehr viel sensibler; wir sind affizierbarer, wenn wir nicht nur schlußfolgern, es wäre denn auch allzu schön, ließen sich die Gedankenblitze programmatisch, syllogistisch erschließen. Doch für das Bild des Drachens aus dem dreizehnten Kapitel der Apokalypse und seinen möglichen Zusammenhang mit dem Drachenzyklus benötigen wir unsere Einbildungskraft.

In Kapitel 12,1 – 6 der Offenbarung des Johannes heißt es: »Dann erschien ein großes Zeichen am Himmel: Eine Frau, mit der Sonne bekleidet; der Mond war unter ihren Füßen und ein Kranz von zwölf Sternen auf ihrem Haupt. Sie war schwanger und schrie vor Schmerz in ihren Geburtswehen. Ein anderes Zeichen erschien am

138

Himmel: ein Drache, groß und feuerrot, mit sieben Köpfen und zehn Hörnern und mit sieben Diademen auf seinen Köpfen. Sein Schwanz fegte ein Drittel der Sterne vom Himmel und warf sie auf die Erde herab. Der Drache stand vor der Frau, die gebären sollte; er wollte ihr Kind verschlingen, sobald es geboren war. Und sie gebar ein Kind, einen Sohn, der über alle Völker mit eisernem Zepter herrschen wird. Und ihr Kind wurde zu Gott und zu seinem Sohn entrückt. Die Frau aber floh in die Wüste, wo Gott ihr einen Zufluchtsort geschaffen hatte; dort wird man sie mit Nahrung versorgen, zwölfhundertsechzig Tage lang.« Von der Tradition messianischer Deutung prophetischer Texte abgesehen, wäre es denkbar, daß eine Beziehung bestünde zwischen der von Geburtsschmerzen gepeinigten Frau und dem Zodiakzeichen der Jungfrau, die im übertragenen Sinne der schwangeren Frau gleichgestellt werden könnte? Und der Drache: Er hat sieben Köpfe und zehn Hörner. In Kapitel 13,2 heißt es:»Und der Drache hatte ihm seine Gewalt übergeben, seinen Thron und seine große Macht.« Denn »ein Tier« war aus dem Meer gestiegen, mit zehn Hörnern und sieben Köpfen. Diesem »Tier« überträgt der Drache seine Macht. Ließe sich das Wort *Tier* mit dem Wort *Zyklus* ersetzen?

Die Apokalypse ist eine sehr unzugängliche, schwer verständliche Prophezeiung. Der Text, in seiner Urfassung griechisch, doch durchsetzt mit hebräischen Ausdrücken, da Johannes des Griechischen nicht mächtig und vielleicht auch von seiner Vision überwältigt, hat die unterschiedlichsten Übersetzungen erfahren. Deshalb ist auch bei diesem freien und unverbindlichen Spiel der Assoziationen mit größter Vorsicht vorzugehen. Nur ganz ohne jeglichen Bezug zur Zahlenmystik, wie wir sie in Kapitel 5, Seite 115, anhand der Zahl 666, die als Zahl dieses »Tieres« zu errechnen ist, versuchten darzustellen, werden auch diese Gedanken nicht sein.

Kehren wir zum Drachenzyklus zurück. Dem Zeitpunkt der sich alle sechs Jahre überlagernden imaginären Achsen maßen die einstigen Eingeweihten große Bedeutung bei. Der kosmische dynamische Einfluß wäre demnach in seinem Sechsjahreszyklus besonders aktiv. Ein sechs Jahre dauerndes Auf und Ab könnte, wäre es so, die Periodizität meteorologischer Phänomene und vielleicht manch anderer irdischer Ereignisse formulieren und vorhersehen.

Die kosmische Vision nahm in den Eleusinischen Mysterien des antiken Griechenland eine zentrale Stellung ein. Das Heiligtum von Eleusis galt als ihr kosmischer Nabel. Während neun Tagen wurden alle fünf Jahre die großen Mysterien gefeiert. Sie sollten den Zugelassenen den Weg enthüllen, der von der Welt der Menschen in die geheime Welt der Götter führt. Diese Zugelassenen oder Enthusiasten nannte der Heilige Klemens (Ende des ersten Jahrhunderts n. Chr.) später auch Gnostiker und rechnete sie, was den Grad ihrer Weisheit betraf, den Aposteln zu. Die Eleusinischen Mysterien stützten sich hauptsächlich auf ein überliefertes Denken, das die Fruchtbarkeit der Erde als eines der maßgeblichen Gesetze der Natur ansah, um so mehr, als sich dieses Denken in einer »Agrargesellschaft« entwickelt hatte. In den Augen der Griechen umfaßte die Zivilisation alle Beziehungen, die den Menschen mit dem Universum verbindet. Und diese Beziehungen sollte die Heilige Astrologie aufdecken und festigen. Der Enthusiast hatte diese Beziehungen wahrzunehmen und sich den Gesetzen der Bewegung des Lebens zu unterwerfen. Die Beobachtung der Himmelsphänomene war eine notwendige Vorbereitung. So wurden die großen Eleusinischen Mysterien zur Schwelle, an der Wandlung stattfand. Die Neugeburt in dieser kosmischen Vision mit Hilfe von Zeus, Poseidon, Demeter, Persephone und Dionysos sollte das physische Ohr vom Getöse der Welt lösen und für den göttlichen Rhythmus, die Gegenwart der Götter, empfänglich machen. Deshalb mußten die Götter, mit denen sich der Myste verbunden fühlte, menschliche Schwächen aufweisen, dies, obwohl sie die Kräfte des Universums personifizierten. Zu klarem Bewußtsein erwacht und geläutert, konnte sich der Enthusiast mit den Göttern unterhalten.

Demeter, die Erd- und Fruchtbarkeitsgöttin, Tochter des Kronos und der Rheia, die *da-mater,* und Persephone, ihre Tochter, waren gleichzeitig

Abb. 11 Aus dem Inneren eines ägyptischen himmlischen
Baumes, in den Wassern der Tiefe, verteilt eine Gottheit, die
Erscheinung der Großen Mutter Erde, Speise und Trank der
Unsterblichkeit. (Ausschnitt aus einer ägyptischen Malerei,
13. Jahrhundert v. Chr.)

personifizierte Erde wie personifizierte Fruchtbarkeit. Hades, der König der Unterwelt, der seine Gattin Persephone raubte, verkörperte als »der Unsichtbare« den Fruchtbarkeitszyklus, den die Erde in jedem Frühling neu entwirft. Dionysos, Sohn des Zeus, war der Gott der Fruchtbarkei, des Weines und des Rausches und als Leiter der Seelen, obschon überschwenglich in seiner Natur, so doch auch gleichermaßen feinfühlig, ein weiser Gott. Der spätere Bacchus der Römer hat mit ihm wenig zu tun. Der Legende zufolge ließ Orpheus das Heiligtum von Eleusis bauen. Die mythologische Gestalt des Orpheus wurde immer wieder beschrieben und besungen. Er soll in der großen Pyramide in die Magie der Lebensrhythmen eingeweiht worden sein. Die Macht seiner Poesie und die Harmonie seiner Musik unterwarfen ihm alle Kreaturen, und die Götter liebten ihn. Seine Anhänger sahen in ihm einen Meistermagier und in Eurydike, seiner Gattin, seine schöpferische Eingebung. Eurydike starb infolge eines Schlangenbisses. Die Schlange ist ein Tier, das empfindlich und feinnervig auf Rhythmen reagiert und sich von Flötenklängen bestimmen läßt. Verzweifelt versucht auch Orpheus das Unmögliche, um Eurydike zurückzugewinnen. Und selbst Hades (unter anderem Namen Pluto), der König der Unterwelt, ist von den Klängen der Lyra des Orpheus verzaubert. Er erlaubt Eurydike, ihrem Gatten zu folgen, der in die Unterwelt gekommen war, um sie zurückzuholen. Nur eine Bedingung stellt er: Orpheus darf sich nicht umdrehen, bis beide das Tageslicht erreicht haben. Aus Angst vor einem Trugbild, und gerade aus Angst, Eurydike wieder zu verlieren, blickt Orpheus sich nach ihr um. Und damit hat er Eurydike verloren.

Die Orphik leitet sich aus vorhellenistischer Zeit ab. Erstaunlicherweise war sie im Ansatz monotheistisch. Die Lehre, von orphischen Theologen in ein System gebracht, breitete sich schon früh in der griechischen Welt aus, von Thrakien kommend bis nach Kleinasien und Großgriechenland, wo sie vermutlich Pythagoras stark beeinflußte. Später wurde sie vom gleichfalls thrakischen Dionysoskult überdeckt. Entstanden aus der Asche der von Zeus vernichteten Titanen, trägt der Mensch als titanisches Erbe die Erbsünde mit sich, von der er sich befreien muß, um sein dionysisches Erbe, die Seele, zu retten. Dieser Rettung dient ein sittliches Leben der Reinigungen und Enthaltsamkeit. In der Orphik fanden sich eine vollständige Lehre über die Entstehung der Götter und der Welt, über eine periodische Welterneuerung und auch eine Erlösungslehre. Letztes Ziel des Mysten ist es, sich aus dem Zwang der Seelenwanderung zu lösen. Wie tief die Bedeutung des Individuums als schuldbeladenes und der Vergeltung ausgesetztes Individuum reichte, zeigt sich an der Auswirkung des Orphismus auf die Pythagoreer, die Vorsokratiker, auf Platon und letztlich auch auf das Christentum. Die orphischen Myste-

144

rien ähnelten denen von Eleusis. Hier wie dort war Demeter die aus allen herausragende Gestalt, die Hüterin und Schutzgöttin des Ackerbaus. Und ihre Tochter Persephone, die Gattin des Hades und Königin seines Reiches, verkörperte in beiden Mysterienkulten den Zyklus der Jahreszeiten. Über diese Jahreszeiten gebieten kann nur der, der sich ihnen unterwirft. Doch um sich unterwerfen zu können, im eigentlichen Sinne zu gehorchen, ist es nötig, die Naturelemente zu kennen. Die zerstörende Kraft der Naturelemente war die Folge dunkler titanischer Kräfte, die das Irdisch-Gebundene entfesselten und sich gegen die Weisheit der Götter auflehnten.

Der Kampf der Titanen war einer der wichtigsten mythischen Vorgänge in der Vorstellungswelt der Eleusinischen Mysterien. Als sterbender und wiederauferstehender Gott griff jedoch Dionysos ständig in diesen Kampf ein, er verband die Gegensätze, er einte die Pole, er war der Gott der mystischen Extase, dem sich im Taumel der Erkenntnis die Wirklichkeit erschloß – insofern sein Beiname *Bromios* (»der Tosende«) und *Lyaios* (»der Löser«). Dionysos verkörperte den geistig erwachten Menschen, der sich in der mystischen Übersteigerung schöpferischer und zerstörerischer Kräfte geistig in die Regionen aufschwingen konnte, in denen die Unsterblichen zuhause sind. Dionysos begleitete die Seelen, die ihre Bindung an Instinkt und Leidenschaft zu durchlaufen hatten, wollten sie Ungebundenheit, Freiheit des Geistes erreichen. Ohne diesen Weg war die Sprache der Götter nicht vernehmbar, ohne diese Verwandlung mentaler Konzepte blieben die Symbole sprachlos, bliebe eine erlebbare Wirklichkeit in ein starres »Totenreich« verwiesen. Deshalb wäre die Wiederentdeckung der Botschaften der Symbole die Wiederentdeckung eines Lebenselementes und damit auch ein ganz wesentlicher Faktor unserer eigenen Entwicklung. Das uralte Wissen der Heiligen Astrologie ist voller Leben. Und da das Leben selbst ohne Anfang und ohne Ende ist und nur im ständigen Werden überhaupt wahrgenommen werden kann, haben wir nach wie vor die Möglichkeit, seinen Spuren zu folgen und dem Rhythmus, dem »Kleid« des reinen Geistes, zu lauschen, auf daß sich der Wolkenvorhang vor dem Eingang des Olymp vor sehenderen Augen zu heben beginnt. Denn es gibt nichts Verborgenes, das nicht offenbar werden sollte.

8
DAS SCHÖNE,
GUTE UND WAHRE

In der Vorläufigkeit der Erscheinungen Endgülti-
ges zu vermuten, ist immer wieder sehr schwer.
Die Banalitäten des täglichen Lebens scheinen so
gar nicht angetan, über sich hinauszuweisen. Nur
allzuoft fühlen wir uns unfrei und gegängelt und
sehnen uns nach Lebenskonstellationen, die uns
das »Glück«, das Schöne, das Gute und Wahre
wirklich näherrücken. Doch begegnen wir in dieser Wunschvorstellung nur dem eigenen brüchigen
Entwurf dessen, das schön, gut und wahr ist. Das
Schöne, Gute und Wahre ist jedoch kein Prädikat
der Dinge, das wir nur zu abstrahieren brauchten,
um es dann anderswo und nach eigenem Ge-
schmack wieder anzusiedeln. Der Mensch ist
kaum der, der das Schöne, Gute und Wahre formulieren könnte. Doch kann er etwas anderes: Er
kann sich dem, das vielleicht schön, gut und wahr
ist, überantworten. Und in der Erkenntnis dessen,
was das Schöne, Gute und Wahre eint, wird er es
sogar mit Sicherheit tun, denn das eine impliziert
das andere. In jenem Augenblick wird er auch das
armseligste und scheinbar nur von Willkür und

Zufall bestimmte Dasein als ein je eigenes Exerzitium begreifen lernen. Denn wenn er verstanden hat, daß die Phänomene unserer Wirklichkeit nur eine umfassendere spiegeln, wird er auch wissen, daß er der umfassenderen Wirklichkeit wesenhaft angehört. So wird das einzelne Dasein zum Laboratorium der Wandlung und die täglich-alltäglichen Schwierigkeiten unseres Lebens zur Aufforderung, über ihren möglichen Hintergrund nachzudenken. Wenn die Konturen der Erscheinungen jedoch weit werden, verschwinden auch die Schranken, die sich dem inneren, oft unbewußten Sehnen widersetzen. Der kleine Pulsschlag des Lebens wird hörbarer und lauter, um schließlich in den großen Pulsschlag des Kosmos einzumünden. Er verbindet den erwachten Menschen mit dem All. Er teilt sich ihm mit und macht ihn zum Zuhörenden, zu dem, der seine Natur für die Strahlung des Lebens durchlässig gemacht hat, indem er losließ – alles losließ, was Spannung erzeugt, Wünsche, Ängste, Hoffnungen.

Unsere Phantasie treibt zuweilen ein »böses« Spiel mit uns. Der zunächst in dieser Welt »unbehauste« Mensch sucht nach Sicherheiten. Und wenn er sie de facto nicht finden kann, sind die Vorstellungen der Ersatz. Er merkt nicht, daß er an dem Gefängnis, dem er entfliehen wollte, weiterbaut. Stürzen dann die Kartenhäuser seiner unkontrollierten Phantasie zusammen, sieht er sich enttäuscht und ist es, da es um Täuschung ging, doch wirklich. Oft ist er dann so sehr auf sich zurückgeworfen, daß ihm die Fähigkeit, überhaupt noch Vertrauen zu fassen, abhanden kommt. Er hält nicht ein auf einem Weg, auf dem er die Hilfe gleichsam wie einen Deus ex machina außerhalb seiner selbst sucht. Er möchte frei sein, doch tut er alles, seine Abhängigkeit zu vergrößern. Er findet sich in der Schöpfung nicht wieder, diese Schöpfung ist sein Feind, eigentlich ein anonymer Feind, ein Feind, mit dem er nicht wirklich zu kämpfen versucht hat. In diesem Kampf würde er lernen, die Augen zu öffnen, im scheinbar Gegensätzlichen zunächst Bezüge finden, um in ihnen schließlich das Bild einer Einheit zu erkennen, zu der die Gegensätze gehören, die sich aber mit den Gegensätzen nicht erschöpft. In der Erkenntnis dieser Einheit hätte er sich geheilt, hätte er wieder den Anschluß an die Schöpfung gefunden und jene Freiheit, die ein Loslassen ist und das »Anhangen« überwunden hat.

Der initiatische Weg passiert die Gegensätze dieser Welt, als seien sie der Weg selbst. Das Feine ist nicht ohne das Dichte, das Gute nicht ohne das Böse, das Wahre nicht ohne das Falsche. Es sind keine unversöhnlichen Gegensätze, ihre Versöhnung ist immer schon gegeben. Nur sehen wir sie nicht. Andere haben sie gesehen, die Heilige Astrologie hat sie gesehen. Deshalb erzählt ihre ungeschriebene Geschichte zugleich auch immer von der magischen Heilung, einer Heilung, die sich auf geistige Energien stützt. Nach den vielen vergeblichen Versuchen des Menschen, die

Frage nach dem »Was soll ich tun?« zu beantworten, geht es bei seiner »Heilung« zwangsläufig um die Richtigstellung seines Verhältnisses zur Schöpfung. Diese »Richtigstellung« steht über der großen Wandlung im Athanor, dem Schmelzofen der Welt.

Die große Wandlung im »Athanor« ist von Offenbarungen aller Art begleitet, begleitet allerdings auch von den Gegensätzen dieser Welt, von Ungenauigkeiten, Verfremdungen und Falschem. Dies zu vermeiden, war es auch nie ganz vermeidbar, wurde das unumstößlich Wahre verschlüsselt und nur jenen anvertraut, die einen »Schlüssel« besaßen. Die Priester des Hermes Trismegistos, des dreimal Großen Toth-Hermes, ritzten seine Worte auf eine Smaragdtafel; Moses meißelte die zehn Gebote auf eine Steintafel; Tontafeln und Papyrusrollen bewahrten die Weisheit der Propheten.[14] Buddha hinterließ uns tiefe philosophische Einsichten. Wir wissen von den Druiden, den Priestern der keltischen Religion, den »stark Erkennenden oder Weisen«, und den Barden, die ihre Weisheit besangen. Aus diesem kultischen Kulturkreis stammt vermutlich der kultische Brauch, die beiden Teile eines zerbrochenen Schwertes langsam zusammenzufügen, um die Zusammengehörigkeit von »Materie« und »Geist« zu symbolisieren. Das Schwert ist ohnehin in seiner symbolischen Bedeutung sehr reich. Zweischneidig dient es sowohl der Verteidigung als auch der Bekämpfung des Unwissens. Finden die beiden

Teile eines zerbrochenen Schwertes wieder zusammen, haben wir das Bild eines Geistesblitzes. Diesen Geistesblitz braucht der Mensch, um aufzuwachen. Es waren »Geistesblitze«, die die Welt veränderten. Weise, Religionsstifter, Botschafter aller Zeiten versuchten, auf ihre Weise das ewig Gültige zu enthüllen. Doch als sollte der »Schleier der Isis« nicht oder nur von jedem Menschen einzeln fortgezogen werden, erstarb die blitzartig aufleuchtende Wahrheit zu Theorie und Dogma. Der »Krieg« ist zwar der »Vater aller Dinge«, doch auch wiederum der »Vater« eines neuen Kriegs. Die Schüler wollten es wieder einmal besser wissen als ihr Lehrer – Entwicklungen dieser Art sind überall zu beobachten, und sie wiederholen sich tagtäglich. Selbst das Schicksal der griechischen Götter war involviert in diesen Profanisierungsprozeß. Die einst strahlende Göttin der Schönheit und der Liebe, Aphrodite, wurde zu einer Karikatur. Der Geheimkult des Bacchus verlor sich in den Ausschweifungen und Verbrechen der Bacchanalien; die Frauen prostituierten sich vor dem pryapischen Bock, Wollust als Befreiung rechtfertigend. Pluto wird als Gott der Unterwelt zur Rechenschaft gezogen für »Taten«, die das Ergebnis der »Taten« anderer sind, und entsprechend unbedacht der Planet gleichen Namens als unheilstiftend charakterisiert. Natürlich war Pluto der Gott der Unterwelt, aber ihm stand als Gattin die Tochter der Demeter, Persephone, zur Seite. Sie war die

Göttin der Fruchtbarkeit. Vier Monate lebte Persephone mit Pluto in der Unterwelt und acht Monate im Sonnenlicht. Der fruchttragende Same im Schoße Plutos schlägt Wurzeln. Aus ihnen sprießen im Frühling die Pflanzen hervor.

Das Bild der Mitternachtssonne, das heißt, die zwischen den Polarkreisen und den Erdpolen im Sommer unablässig sichtbare Sonne beschreibt diesen sehr hellen, aber im Dunkeln stattfindenden Auflösungs- und Wiederentstehungsprozeß. Analog dazu muß der Mensch tief in sich hineinsehen, um zu verstehen, daß das Licht der Erkenntnis auch in der Finsternis leuchtet. Das Aufsteigen zum Himmel benötigt den Abstieg in die Tiefe der Nacht, dem Gesetz der Entsprechung zufolge, der »Skala« zufolge, deren Pendelschlag die Gegensätze formuliert, proportional. Der Einfluß Plutos ist somit heilbringend und unheilvoll, heilbringend in der Erkenntnis des Unheilvollen, unheilvoll in der Unkenntnis des Heilbringenden. Als König der Unterwelt repräsentiert Pluto deshalb Entstehen und Werden. Geburt und Tod sind die zwei Pole des Daseins, die in ewiger Wiederkehr das Leben offenbaren. Pluto, der unsichtbare Planet, und Pluto, der unsichtbare König der Finsternis, sind verwandt. Als König der Finsternis war Pluto Hüter der Schwelle, damit auch der Hüter der unbewußten Tiefen unserer Psyche, die den Keim einer uralten Erfahrung birgt. Zu einem heilsamen Einfluß des Planeten Pluto kommt es in Konjunktion mit dem Mond. Zwischen dem

»Hüter der Schwelle« und der »Hüterin der Nacht« besteht eine besondere Beziehung. Als Trabant der Erde ist der Mond gleichsam eine »Antenne«. Als Symbol der ewigen Wiederkehr, der Aufeinanderfolge von Tod und Geburt, findet sich der Mond in den ältesten uns bekannten Vorstellungswelten und Kulturkreisen: bei den Irokesen wie bei den Eskimos, bei den Kelten wie bei den Griechen. Als das Ewigweibliche ist Celene Hathor in Ägypten, Astarte in Persien oder Leukathea in Phönizien. Alle kosmischen, magischen »übersinnlichen« Bezüge sind in unterschiedlichster Weise mit dem Mond und seiner Bewegung verbunden. Die meisten Völker der Erde sprechen ihm magische Fähigkeiten zu, ob nun die Maori in Neuseeland oder die Samojeden in Asien. Die großen Göttinnen religiöser Traditionen stehen in engster Verbindung mit dem Symbol des Mondes, sie waren die *mater magna,* die Große Mutter und somit Quelle aller schöpferischen Kräfte.

Celene soll der Sage nach die Seelen an sich ziehen, damit sie nach Verlassen ihrer irdischen eine neue Form annehmen können.

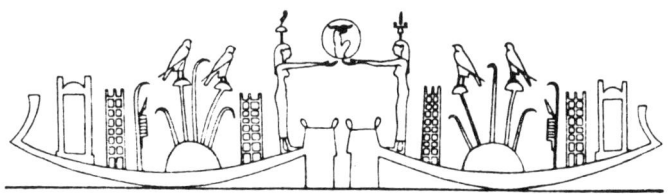

Abb. 12   Der Barkenwechsel des Sonnengottes, symbolisiert als Widder.

155

Visionen können Einsichten vermitteln, die das raumzeitliche Kontinuum überschreiten. Die eigene Natur transzendierend, mag der Mensch am Schluß ein Zeitloses finden – bis hin zu Regionen, in denen Unsterbliche hausen, bis hin zu Agartha, Hurgale, Ponglai, Shangrila, Metaphern eines zeitlosen Seinszustandes. Diese Worte klingen, jeder Buchstabe hat seine besondere Schwingung, seinen besonderen Klang. Alle Rituale versuchen über Klang und Rhythmus, über Worte, Gesten, Tanz und Musik einen unmerklichen Druck auf die Energien der Natur auszuüben.[15] Es gibt magische Rituale, bei denen jeder Anwesende eine bestimmte Rolle zu übernehmen hat. Aus dem Zusammenspiel der Energien entwickelt sich eine Energie-Aura, die allen Anwesenden das Gefühl der Geborgenheit, der Unverwundbarkeit und der Freude vermittelt. Im alten Ägypten war Isis die Göttin der magischen Klänge, also der okkulten Kräfte der Natur. Und ihr Vater wiederum war Thot, der Meister der Magier, der Herr des Schicksals.

156

9
VON WIDERHALL ZU WIDERHALL

Alles ist in Bewegung, nichts ist in Ruhe – weshalb, wissen wir nicht, weshalb das All Universen schafft, ist ein Mysterium. Ein rhythmisches Pendel, das im Takt des Weltenchronometers Involution und Evolution durchmißt, bedeutet uns als Gleichnis in letzter »Instanz« still zu sein und mit dem Versuch der Letztbegründung abzubrechen. In dieser Stille allerdings werden kosmische Ordnung und Gliederung im zeitlichen Verlauf jener »Klänge« vernehmbarer, zu denen sich die einzelnen »Töne« universalen Geschehens immer wieder zusammenfinden. Der Rhythmus kompensiert, im Rhythmus sind Klang und Echo vermittelt. Denn die jeweiligen Frequenzen leben von der Resonanz, die sich als neue Frequenz weiterreicht und in all den vielen Erscheinungsformen und Manifestationen, die wir kennen – oder noch nicht kennen –, mitteilt. Sie wirken mit an einem bemessenen Pendelschlag aus Zeit und Raum und allem, das in ihnen stattfindet.

Das Gesetz des Rhythmus offenbart sich im Steigen und Fallen, in Ebbe und Flut; alles ist von

ihnen erfaßt, alles findet in ihnen den »Rahmen«
seines Daseins, ob ganze Welten und Sonnen, ob
Mensch und Tier, ob Pflanze und Mineral, ob
Energie, Geist und Stoff. Jede Bewegung im kleinen nimmt teil am großen Rhythmus, jede Bewegung ist ein Teil dieses Rhythmus, der insgesamt
die Variabilität und Ungleichgewichtigkeit einzel-
ner Schwingungen im Gleichgewicht seines sym-
metrischen Pendelschlags auffängt. Er knüpft Aktion und Reaktion aneinander und paßt die Reaktion dem »Maß« der Aktion an. Der Pendelschlag
der »Uhr« nach »links« entspricht demjenigen
nach »rechts« – physisch, psychisch, geistig. Jeder
Rhythmus erzeugt einen Widerhall und ruft eine
Wirkung »auf Distanz« hervor. Auch deshalb die
Verhaltenheit derjenigen, die von der Durchgän-

Abb. 13   Abstieg und Aufstieg der Seele: Die Idee von den
drei »Oktaven« wird hier in ein arithmetisches Schema über-
tragen, die drei Sphären des Makrokosmos erhalten ihre ent-
sprechenden Radial-, Quadrat- und Kubikzahlen. Wie eine
Linie eine Oberfläche hervorbringt, so bewegt sich die Schöpfung in der linken Pyramide abwärts. Und in derselben Weise
steigt die Seele in der rechts dargestellten Pyramide auf, indem sie an Spiritualität zunimmt, bis sie Perfektion erreicht.
Während eben noch jeweils siebenmal unterteilt wurde, erfolgt jetzt eine neunfache Unterteilung, den neun Ordnungen
der Engel entsprechend. Sie sind ergänzt um die Erste Bewegung, und wiederum neunfach unterteilt, um den Himmel der
Fixsterne und die pflanzlichen und mineralischen Sphären
zwischen Wasser und Erde. (Robert Fludd, *Tomus Secundus
De Supernaturali, Naturali, Praeternaturali Et Contranaturali
Microcosmi historia, in Tractatus tres distributa,* Johann Theodore de Bry, Oppenheim 1619.)

160

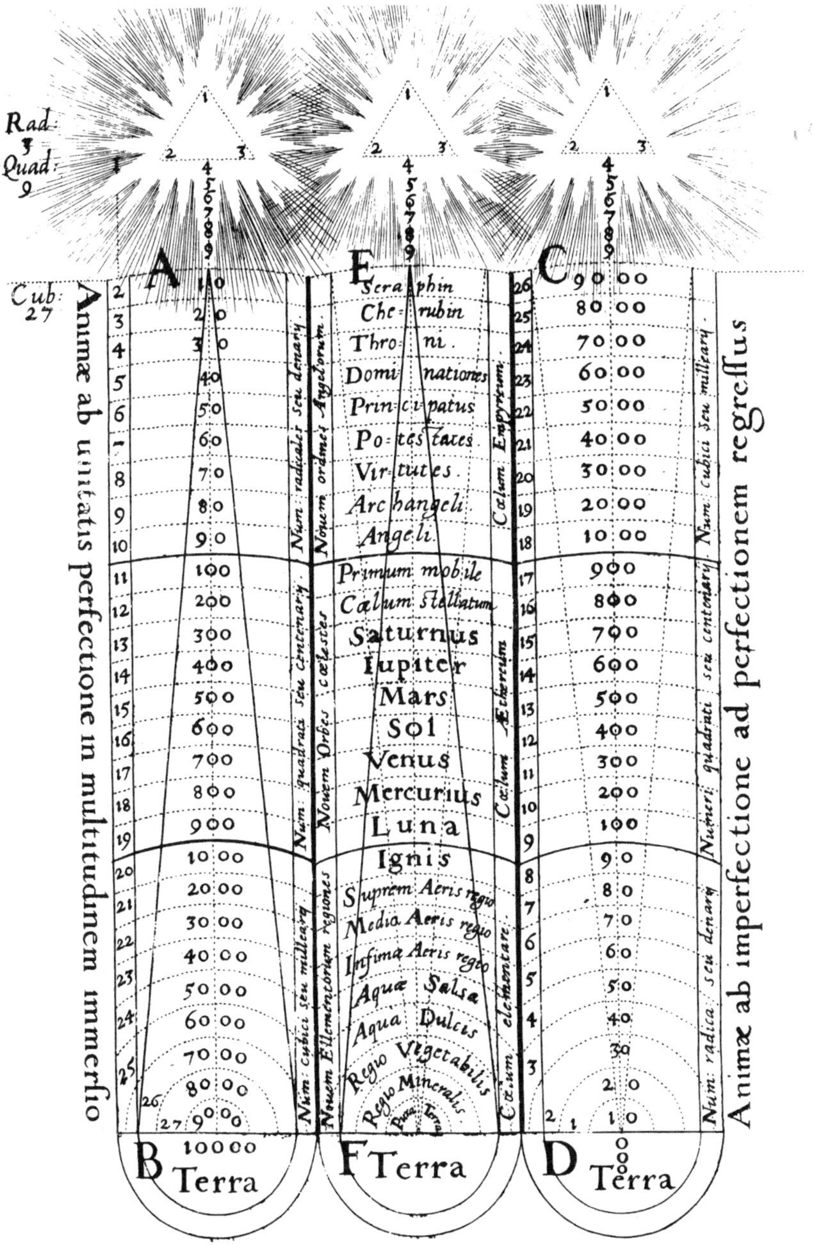

Rad:
3
Quad:
9

Cub:
27

A   E   C

Animæ ab unitatis perfectione in multitudinem immersio

Num: radicalis seu denarij

Novem ordines Angelorum

Num: quadratis seu centenarij

Novem Orbes cœlestes

Num: cubicus seu militarij

Novem Elementorum regiones

	Seraphin	
2	Seraphin	26
3	Cherubin	25
4	Throni.	24
5	Dominationes	23
6	Principatus	22
7	Potestates	21
8	Virtutes	20
9	Archangeli	19
10	Angeli.	18

Primum mobile
Cælum stellatum
Saturnus
Iupiter
Mars
Sol
Venus
Mercurius
Luna

Ignis
Suprem Aeris regio
Media Aeris regio
Infima Aeris regio
Aquæ Salsæ
Aqua Dulcis
Regio Vegetabilis
Regio Mineralis
Prox: Terra

Cælum Empyreum
Cælum Æthereum
Cælum elementare.

Animæ ab imperfectione ad perfectionem regressus

Num: radica: seu denarij   Numeri quadrati seu centenarij   Num: cubici seu militarij

B Terra   F Terra   D Terra

Left column numbers: 2 3 4 5 6 7 8 9 10 11 12 13 14 15 16 17 18 19 20 21 22 23 24 25 26 27

Second column numbers (A): 10, 20, 30, 40, 50, 60, 70, 80, 90, 100, 200, 300, 400, 500, 600, 700, 800, 900, 1000, 2000, 3000, 4000, 5000, 6000, 7000, 8000, 9000, 10000

Right column (C): 9000, 8000, 7000, 6000, 5000, 4000, 3000, 2000, 1000, 900, 800, 700, 600, 500, 400, 300, 200, 100, 90, 80, 70, 60, 50, 40, 30, 20, 10

Right numbers (D): 26 25 24 23 22 21 20 19 18 17 16 15 14 13 12 11 10 9 8 7 6 5 4 3 2 1 gigkeit dieses Prinzips wußten und entsprechend die Möglichkeiten positiver wie negativer Beeinflußbarkeit kannten. Die Einsicht in die kosmischen Gesetze verpflichtet, sie ist aus einer ganz exakt zu beschreibenden und mit ihr beschriebenen Verantwortung nicht herauslösbar – geistigethisch nicht, psychologisch nicht und eigentlich bereits logisch nicht. Denn auch die vielen Symbolgehalte der Heiligen Astrologie sind das Erbe uralten Wissens, dieses Erbe stellt sich dar in Symbolen, es ist ja die Frucht menschlicher Erfahrung im Umgang mit der Welt, in der der Mensch sich vorfindet.

Zahlen, Runen, Hieroglyphen, Schriftzeichen, geometrische Formen – als Ergebnisse der schöpferischen Einbildungskraft finden sie den Weg zu uns wiederum nur über die Einbildungskraft, die sich auf ihre Tiefe einläßt. Aus Ausdruck einer sehr viel weiter reichenderen Wirklichkeit als der uns bekannten, werden sie zum Bindeglied zwischen Kenntnis und schöpferischem Erkennen. Sie verbinden die Vergangenheit mit der Gegenwart in einer Weise, in der uns Immanenz und Transzendenz nicht einzeln, aber in ihrem Verhältnis zueinander deutlicher werden. Ähnliches galt auch vielleicht in der Vergangenheit als Gegenwart. Vielleicht hätte Alexander der Große ohne Kenntnis der Ilias nicht den Orient erobert und ohne das Vorbild des unverwundbaren Achill schon vorzeitig den Rückzug angetreten. Mit seiner »Hilfe« drang er jedoch bis zum Indus vor –

eine ungeheure Leistung für die damalige Zeit
und ohne eine ganz besondere Motivation nicht
denkbar. Dennoch besaß Achill eine einzige ver-
wundbare Stelle, seine Ferse. Und sie war bei
Alexander der Stolz. Er zerstreute die weisen Rat-
schläge seines Lehrers Aristoteles; das Orakel
mißverstehend, durchschlug er den Gordischen
Knoten mit dem Schwert. Doch hatte das Orakel
nur demjenigen die Weltherrschaft versprochen,
der diesen Knoten wirklich zu lösen verstand.
Alexander ließ sich in Theben zum Pharao krö-
nen, ohne den initiatischen Einblick gewonnen zu
haben, der mit dieser Krönung verbunden war. Er
starb einige Jahre später in Babylon, und sein
»Weltreich« zerfiel. In Ägypten regierten die Pto-
lemäer, von seinen Generälen eingesetzt, und mit
dem letzten Repräsentanten dieser Dynastie,
Kleopatra, erstarb eine Tradition. Was von ihr in
den lautstarken Triumph Roms im Mittelmeer-
raum Eingang fand, war um so leiser. Doch spann
Geschichte weiter an ihren Ariadne-Fäden, sie
reicht sie uns heute sogar, doch verweben müssen
wir sie selbst.

Einst widersprachen die Lehren des Kopernikus
dem eingewurzelten Glauben an ein geozentrisches
Weltbild; die Wahrheit des heliozentrischen setzte
sich gleichwohl durch. Der Gedanke, die Erde zu
verlassen und in den Weltraum vorzustoßen, war
noch vor wenigen Generationen Utopie. In unserem Jahrhundert erschloß Werner Heisenberg Zu-

sammenhänge im Atom, die die traditionelle Physik nie in Betracht gezogen hatte, da sie ihren eigenen »Wissenschaftsbereich« transzendierten. Und heute mehren sich die Phänomene – unsere Aufmerksamkeit ist größer geworden –, die wir registrieren müssen, ohne sie klassifizieren zu können. Es scheint so, als befände sich Wahrheit selbst auf dem Weg ihrer Bestätigung und als sei die Pluralität der Wahrheiten eine sie signalisierende Pulsfrequenz. Angesichts dieser Tendenz der Wissenschaften, über den eigenen Rahmen hinauszuweisen, bleibt die wissenschaftliche Suche nach dem Ursprung des Universums zwar löblich, aber in der Verwertung und Einordnung ihrer Ergebnisse und Hypothesen allzuoft steril. Wenn in der »physikalischen« Genesis in acht Epochen – von der ultraheißen Ursuppe im Augenblick des Urknalls vor 20 Milliarden Jahren bis zur achten, gegenwärtigen Epoche der Galaxien und Planeten – die »Platzreservation« für Gott dieser Genesis folgt, anstatt sie zu begründen, sind wir, vielleicht, um ein Quentchen klüger, doch wohl kaum weiser geworden. Daran ändert auch nichts die plausible Abfolge evolutionärer Entwicklung in ihrer physikalischen Beschreibung: Die fortschreitende Ausdehnung des Universums und die ihr entsprechende Abkühlung führten zur Entstehung der Atomkerne. Atome verbanden sich zu Molekülen, die Gravitationskraft führte zur Bildung von Planeten, zur Bildung der Atmosphäre, der Meere und alles Bestehenden. Die biologische Evolution wie-

164

derum erklärt das Erscheinen der ersten Zellen, aus denen irgendwann einmal der Mensch hervorging. Sein Gehirn sei das Muster großartiger Verbindungsmöglichkeiten, sein Bewußtsein der Beweis für die »Kreativität« des Stoffes. Insofern sei er einzig und auch nicht angehalten, über sich hinauszudenken.

Als hundert Jahre vor Darwin bereits Johann Gottfried Herder in seinen *Ideen zu einer Philosophie der Geschichte der Menschheit* mit zahlreichen naturwissenschaftlichen Belegen die Evolution und Deszendenz der Naturreiche verkündete, war für ihn die Einheit von »Entwicklung« und »Schöpfung« wie auch die Einheit von »Naturwissenschaft« und »Religion« oder von »Wissen« und »Glauben« selbstverständliche Tatsache. Die Weltgeschichte glich ihm einem äonenlangen, schaffenden »Sprechen« der Gottheit, deren »Worte« sowohl die ausgestorbenen, versteinerten Reste früherer Faunen und Floren, als auch die noch heute lebenden Organismen einschließlich des Menschen sind. Bei Max Planck heißt es: »Als Physiker, der sein ganzes Dasein der reinen Wissenschaft und dem Studium des Stoffes widmete, wird niemand behaupten, ich sei überschwenglich, wenn ich, als Schlußfolgerung meiner Forschungen folgendes feststelle: Es gibt keinen Stoff als solchen. Stoff entsteht und besteht nur dank einer Kraft, welche die kleinen Partikel des Atoms zwingt, sich zu winzigen Sonnensystemen zu vereinen. Im Hintergrund dieser Kraft müssen wir einen bewußten und vernünftigen Geist vermuten. Dieser Geist ist am Ursprung des Stoffes. Ich zögere nicht, ihn, wie alle anderen Völker der Erde, Gott zu nennen.« Wir befinden uns, diese und ähnliche Aussagen aus jüngerer Zeit erinnernd, ganz in der Nähe des berühmten Arztes, Priesters und Philosophen Empedokles (5. Jh. v. Chr.) – so, wie sich alle Gedanken, sind sie von der Liebe zur Weisheit getragen, diejenigen, die sie denken, zu »Zeitgenossen« machen. Herzdenken und Hirndenken sind bei ihnen koordiniert. Für Empedokles gab es kein Entstehen und Vergehen, sie waren nur das Erscheinungsbild dessen, das sich auf der Basis der vier Elemente Feuer, Luft, Wasser, Erde neu konstellierte. Aus dem Urzustand der absoluten Mischung entwickelte sich ein Zustand der absoluten Trennung der Elemente, und aus ihnen wieder ein Zustand der Mischung: Involution, Evolution, Involution ... Bei Empedokles sind es die wechselnden Proportionen von Feuer, Wasser, Luft und Erde, die das Gleiche und Ungleiche, das Ähnliche und das Unähnliche bestimmen. Individualität und Teilnahme schließen sich nicht aus; individuell ist das je eigene Mischungsverhältnis der Organismen, die Verbindung zu den Elementen bleibt davon unberührt. Die Abwandlung der Mischungsverhältnisse erfolgt durch Poren (eine bloß mechanische Anordnung der Elemente bedürfte ihrer nicht, sie wäre »angreifbar« durch ihre Struktur). Und der sie provoziert, ist der Streit des Streites mit der Liebe: »Wenn der Streit

166

zur untersten Tiefe des Wirbels gekommen ist, aber in die Mitte des Strudels die Liebe gelangt, da vereinigt sich in ihr gerade alles dies, um nur ein Einziges zu sein, nicht auf einmal, sondern willig zusammentretend, das eine von hier, das andere von da. Aus dieser Mischung nun ergossen sich unzählige Scharen sterblicher Geschöpfe. Vieles aber blieb noch ungemischt stehen zwischen dem sich Mischenden, soviel noch der Streit zurückhielt in der Schwebe befindlich. Denn nicht tadellos trat er aus jenen gänzlich heraus an die äußersten Grenzen des Kreises, sondern teilweise verharrte er noch drinnen, teilweise war er aber auch schon aus den Gliedern (den Elementen) herausgegangen. Um wieviel er nun stets vorweglief, um soviel rückte stets heran der untadeligen Liebe mildgesinnter unsterblicher Drang. Schnell aber erwuchs zu sterblichen Dingen, was früher unsterblich zu sein verstand, und zu gemischten, was vordem ungemischt war, im Wechsel der Pfade. Und aus diesen Mischungen nun ergossen sich unzählige Scharen sterblicher Geschöpfe, in mannigfaltige Formen gefügt, ein Wunder zu schauen.«[16]

Drei Etappen von vier Zeichen, die jeweils auch einem hyperphysischen Element entsprechen, bilden den Zodiakkreis. In der Heiligen Astrologie versinnbildlicht das Element *Feuer* die Lebensenergie, das Element *Erde* das Erschaffene, das Element *Luft* das Verbindende oder auch Polarisierende, das Element *Wasser* das Formlose, das Virtuelle, das Läuternde. Und selbst heute sprechen wir von einer Biosphäre, die dem Feuer gleichkäme, von einer Atmosphäre, die der Luft gleichkäme, von einer Hydrosphäre, die dem Wasser gleichkäme, von einer Lithosphäre, die der Erde gleichkäme. Die unharmonische Dosierung dieser hyperphysischen Elemente, meinte Platon, auf den verschiedenen Ebenen, auf denen sie rein symbolisch wirken, habe Unordnung, Abnutzung, Tod zur Folge.

Wir wissen heute, daß jeder Mensch ein biologisches Uhrwerk besitzt, das den Lebensrhythmen der Astralwelt gehorcht. Einer rhythmischen Periodizität unterliegt unsere Willenskraft, unterliegen auch das Hoch und Tief physiologischer Disposition. Deshalb sollte solch ein »Uhrwerk« bereits von Geburt an Berücksichtigung finden, und es ist in diesem Zusammenhang um so problematischer, den Zeitpunkt der Geburt künstlich zu verändern. Die Sonnen- und Mondphasen sind mit dem biologischen Rhythmus des Menschen verknüpft. Der Einfluß der Sonnenflecken auf den Menschen ändert sich mit der jeweiligen Stellung der Planeten. Sonnenflecken wirken in ihrer Strahlung auf das Herz und damit auch auf die Chemie des Blutes. Chinesische Astronomen wurden hingerichtet, wenn sie versäumten, eine Sonnenfinsternis vorauszusagen; dieses Wissen stand hinter dem harten Urteil. Oder die Empfängnismöglichkeit der Frau: Sie hängt unmittelbar mit der Mondphase, die bei ihrer eigenen Geburtsstunde gegeben war, zusammen. Desgleichen ist das Geschlecht des kommenden Kindes mit der Stellung des Mondes am Tage der Empfängnis verbunden; statistisch läßt es sich mit achtzigprozentiger Wahrscheinlichkeit vorhersagen.

Astrologen sehen in der spezifisch geometrischen Winkelstellung der Planeten (in der Astrologie spricht man von »harmonisch« und »unharmonisch«) die Ursache von Erdbeben und Überschwemmungen. Doch ähnlich wie für unsere Entscheidungsfreiheit mag auch hier gelten: »Astra inclinant non necessitant«, die Sterne sehen vor, aber zwingen nicht. Was uns allenfalls »zwingt«, ist die Herausforderung dessen, was wir »Schicksal« nennen, die Herausforderung, Hindernisse zu bewältigen. Die Weise, in der wir es vermögen, hängt von unserer Reife ab, vom Grad unserer Erkenntnis, von unserer Fähigkeit zu lieben. Im Prometheus-Fragment Goethes antwortet Prometheus seiner Tochter Pandora, dem beseeltesten seiner Geschöpfe, auf die Frage nach der Liebe mit einer Deutung des Todes:

Wenn aus dem innerst tiefsten Grunde
Du ganz erschüttert alles fühlst,
Was Freud' und Schmerzen jemals dir
                                    ergossen,
Im Sturm dein Herz erschwillt,
In Tränen sich erleichtern will
Und seine Glut vermehrt,
Und alles klingt an dir und bebt und zittert,

Und all die Sinne dir vergehn
Und du dir zu vergehen scheinst
Und sinkst,
Und alles um dich her versinkt in Nacht,
Und du, in immer eigenstem Gefühl,
Umfassest eine Welt:
Dann stirbt der Mensch.

Liebe und Tod sind gleichermaßen im Universum verwoben. Sie haben Anteil am Weltgeist wie der schöpferische Augenblick, der »den weiten Raum des Himmels und der Erde« in Prometheus' Faust ballt, ihn zu einer Welt erweiternd.

10
DAS WUNDER
DER RÜCKKEHR ZUM
URSPRUNG

Ob speziell in kosmogonischen Mythen und My-
thologemen, ob in den religiösen Vorstellungen
der Völker überhaupt – die Idee der Heimkehr
findet sich überall. Der Mensch wurde entlassen
aus einer Einheit, die er sich zurückerobern muß
und zwar auf dem »umständlichen«, mühseligen
Weg durch die Dualität der Welt hindurch. Demnach wäre auch jeder wirkliche Fortschritt eine Art
Heimkehr und vergleichbar dem Pendel, das den
äußersten Punkt seiner ausschlagenden Bewegung
erreicht hat, um »heimkehrend« den gleichen Weg
zurückzulegen. Bei Heraklit hieß es: »Der Weg
hinauf und hinab ein und derselbe.«[17]

Solange das Universum besteht, bestehen auch
wir; seine Gesetze sind unsere Gesetze. Seine Bewegungen zeichnen unsere Bewegungen. Der Zodiakkreis gibt uns, wie ein Mandala, die Möglichkeit, den unumgänglich initiatischen Weg zu erkennen, der vom bloßen »Dasein« zum Leben
führt, vom Alpha zum Omega menschlicher Entwicklung.

Der Zodiakzeichen sind zwölf. Das Ureine, die Eins, expliziert sich in allen Formen, um seine Ureinheit in der Zwei zu wahren. Dies führt zur Drei, symbolisch der göttlichen Weisheit zum Ausdruck der zweipoligen Welt. Sie wiederum offenbart sich in der Vier, der Zahl für unser raumzeitliches Kontinuum. Die Gralsrunde König Arthurs versinnbildlicht diese Bezüge: Inmitten einer runden Tafel strahlt der Gral, der magische Kelch des Lebenselixiers. Den königlichen Weg dorthin kann jeder beschreiten, der sich dem Christusbewußtsein öffnet.

Mythen und Legenden sprechen vom inneren und äußeren Kampf des Menschen, der versucht, der Enge seiner Welt zu entfliehen – alte wie neue Mythen, denn das tiefe Bedürfnis der menschlichen Psyche nach Geborgenheit, nach dem Wunderbaren, das sie bergen kann, blieb dasselbe. Der

Abb. 14 Der Baum der Geschichte, eine der Darstellungen des dreifaltigen Baumes, anhand derer Joachim von Floris im Mittelalter seine Theorie von den drei Ebenen in der Geschichte veranschaulicht. – Aus Noah, der das Zeitalter des Vaters repräsentiert, wachsen zwei Stämme, die seine zwei Söhne Sem und Japhet darstellen, aus denen die beiden großen Völker der Welt entsprangen, die Christen und die Juden. Diese beiden Stämme überkreuzen sich gerade oberhalb des Kopfes Christi, der das Zeitalter des Sohnes verdeutlicht. Sie folgen dann ihren getrennten Wegen, bis sie sich erneut über der Taube des Heiligen Geistes kreuzen, der das dritte Zeitalter, die Versöhnung zwischen Christen und Juden, symbolisiert. (Miniatur von Joachim von Floris, *Liber figurarum*, 13. Jahrhundert.)

Geist mußte sich zuerst in der Individuation erfahren; deshalb ist das Gewissen bemüht, sich in den Mythen zu bergen, die es sich selbst, analog zum Leben, konstruiert hat. Das Erbe, das wir in dieser Hinsicht erst »erwerben« müssen, um es zu »besitzen«, ist reich und nur schwer fortsetzbar. Es ist das Ergebnis all jener Anstrengungen des Menschen, über sich hinauszugelangen, den »Drachen« erfolgreich zu bekämpfen oder verwunschene »Schlösser« aus Dornenhecken herauszulösen. Wirklichkeit scheint anders, reicher dimensioniert, als wir anzunehmen gewohnt sind. Unsere Begriffswelt aus »süß« und »bitter«, »oben« und »unten«, »gut« und »schlecht« erscheint nur als der dilettantische Versuch einer Teilbegabung. Die Bühne ist größer. Auf ihr findet auch jenes Treiben statt, das, im Umgang mit alten Mythen unfähig, nach Ersatz sucht und an neuen zimmert. Vielleicht werden sie eines Tages als historisches Sediment entdeckt, als Mythen wären sie zu kraftlos. Denksysteme, Ideologien, Dogmen – ihr Absolutheitsanspruch bringt sie unweigerlich zu Fall, selbst dann, wenn der »gute« Ansatz der Wahrheit schmeichelt, selbst dann, wenn »auf dem Programm« das ewig Wahre steht und eine Reise in die Welt den »Meister« finden helfen soll, der das eigene Leben mit seinem Rat regelt. Wenn das Prinzip des Gegensätzlichen Geltung hat, dann wohl auch hier. Yoga ist nicht Yoga, Tantra nicht Tantra, Meditation nicht Meditation. Als Rezepturen werden sie wertlos und wiederholten, in ganz anderer Weise zwar, das verhängnisvolle Mißgeschick der Wissenschaften, in einem künstlichen Diversifikationsprozeß nach der Einheit zu suchen, sie aber über dieser Suche gänzlich aus den Augen zu verlieren. Um die »roten Fäden« logischen Aufbaues von Wahrheit kann es nicht gehen, ihnen entzieht sich Wahrheit. Gleichwohl geht es um die Ausbildung unseres Urteilsvermögens, unserer Sensibilität.[18] Die eingeweihten Priester von einst und Orakel, an denen wir uns orientieren könnten, gibt es nicht mehr. Der Rhythmus unseres Zeitgeschehens ist ein anderer; gerade angesichts seiner Symptome und Charakteristika, nicht in ihrer Negation, müssen wir versuchen, die wertvollen Inhalte der hermetischen Tradition, deren einer die Heilige Astrologie ist, zeitgemäß umzusetzen. In kritischer Distanz ist das, was oft Fortschritt heißt, nicht annähernd Fortschritt, allenfalls mechanisch fortschreitend. Wohin, wissen wir nicht, weiß die Wissenschaft selbst nicht. Als Einstein die Gleichwertigkeit von Stoff und Energie formulierte, dachte niemand an die Atombombe. Und heute geben wir uns genauso damit zufrieden,»in der Lage zu sein«, genetische Manipulationen vornehmen, Organe verpflanzen, Computer konstruieren zu können, die den Menschen entlasten. Kein Defaitismus, der die Kette dieser außerordentlichen Kapazität mit der Möglichkeit beschließt, den Erdball selbst in die Luft zu sprengen, wie wenig, zeigt die, wenn auch pathologische, Gegenindikation aus Umweltzerstörung und

Menschenzerstörung, dem von uns selbst konsequent auf allen Ebenen eingefädelten Selbstmord. Und trotzdem Verwunderung und Opposition in der Meinung und dem mehr schlechten denn guten Glauben, eine mechanische Korrektur genüge. So wie uns ein nicht zu Ende gedachter mechanischer Fortschritt gleichsam durch den Quantensprung seiner Konsequenzen in eine desolate Weltsituation führte, ist ein ebensolcher Quantensprung nötig, ihn reversibel zu machen. Die Provokation der Natur durch Unkenntnis und Zweifel an der Durchgängigkeit ihrer Gesetze hat Natur allzu deutlich mit einer »Gegendemonstration« beantwortet. Der russische Chemiker Dimitrij I. Mendelejew (1834–1907), der an der Klassifizierung der Atomlehre arbeitete, schreibt: »In der scheinbaren Unordnung, sowohl der Sterne wie der Atome, herrscht eine harmonische Ordnung. Die sichtbare und unsichtbare Bewegung der chemischen Elemente ist identisch mit der der Himmelskörper. Die Atome der sichtbaren Welt gleichen denen der unsichtbaren.« Welch eine grandiose Geheimsprache, welch ein armseliger Versuch bisher, sie zu entschlüsseln! Dabei berühren wir, von Kraftfeld zu Kraftfeld, im Pflücken einer Blume bereits die Sterne. Nur wissen wir es nicht und spüren es nicht. Um dies, bildhaft gesprochen, zu erreichen, benötigt die moderne Naturwissenschaft eine sie selbst transzendierende Orientierung, wiederum im Bild der Schlange, die sich in den Schwanz beißt, die Orientierung an jene Zusammenhänge, denen sie selbst entstammt.

Pythagoras zufolge sind die Leiden, die die Menschheit bedrücken, die Früchte ihrer Wahl. Wir haben gewählt, motiviert durch all die vielen Formen und Gesichter unserer Egozentrik.»Erkenne dich selbst, und du wirst das Universum und die Götter erkennen« – so hieß es im antiken Griechenland. Wir erkannten jedoch nicht, und damit auch nicht die ewige Bewegung des Lebens. Würden wir sie erkennen, wir wären um Antworten auf die Frage nach der Zukunft, nach unserem Fortbestehen, nicht derart verlegen. Und diese Verlegenheit bedeutet Angst. Um Angst jedoch in Hoffnung zu verwandeln, sind Erkenntnis, Einsicht und innere Erfahrung nötig. Das Universum ist ein feingesponnenes Netz, eine ständig modulierte Komposition, in der alle Töne miteinander verbunden sind durch ihr Verhältnis zum Grundton und zu Obertönen. Wir können uns nicht vornehmen, dies zu erkennen; wir befinden uns nicht in einem Experiment. Es ist unser Leben selbst, das uns die Entscheidung zu träumen oder nicht zu träumen abverlangt.

Die Aneignung von Wissen ist, wenn es nicht tätig zu Ausdruck und Wirkung kommt, wie das Horten wertvoller Metalle – eine zwecklose und unsinnige Sache. Wissen muß wie Reichtum einer Verwendung zugeführt werden. Das Gesetz der Anwendung ist ein universales Gesetz, und wer es ver-

letzt, kommt mit den Naturkräften in Konflikt zu
seinem Schaden.

Kybalion

ANMERKUNGEN

1 Lateinischer Text der Smaragdinischen Tafel aus dem Jahre 1511 (Bibliothèque Nationale, Paris).

2 Die Namensähnlichkeit zwischen dem Pharao Thutmoses und Moses gibt nach wie vor zu denken, zumal sich Affinität und historische Begründung durch die Initiativen Echnatons fast wie von selbst anbieten. Es wäre durchaus denkbar, daß er die Botschaft Ägyptens in Aton als dem Schatten des kosmischen Geistes in einem speziellen Botschafter gesichert sehen wollte, einen solchen Botschafter ernannte und ihn die »neuen« Menschen wählen ließ, die in der Lage waren, die Vorstellung vom Kommen des Sonnensohnes weiterzutragen. Moses wählte zwei Nomadenstämme. Doch bedurften auch sie der Führung. Als Moses mit den Tafeln der Gesetze – den ersten, die wir nicht kennen – nach seinem Zwiegespräch mit Gott vom Berge Sinai zurückkam, huldigten die Hebräer dem goldenen Kalb. Vor Zorn zerschlug Moses die Tafeln und brachte erst viel später jene wieder, die wir als Tafeln der zehn Gebote kennen. Moses selbst gelangte nicht ins Gelobte Land. Und als sich der »Sonnensohn« offenbarte, wurde er von den Pharisäern verurteilt. Zufall oder ein zwangsläufiges Geschehen vor dem tragischen Hintergrund menschlicher Ignoranz?

3 Ca. 300 v. Chr. erfreute sich die astrologische Schule, die Berose, ein Priesterastrologe und Anhänger des babylonischen Marduk, des angeblichen Regenten des Planeten Jupiter, auf der Insel Kos (einer der Inseln des Dodekanes) gegründet hatte, großer Berühmtheit.

4 Ägyptischer Papyrus (British Museum, London).

5 Ist eine solche Bestimmung der Individualität jedoch Aufgabe des Astrologen, konnte der Fortschritt der Heilkunst mit Recht als vom Fortschritt der Sterndeutung abhängig angesehen werden. – Auch sehr viel später noch (bis in unsere Zeit hinein; wie viele schwere Operationen werden heute oft nur nach astrologischer Vergewisserung vorgenommen) sind diese Zusammenhänge von grundlegender Bedeutung. Der berühmte Arzt Paracelsus (1493 – 1541) behandelte seine Patienten in ständiger Verbindung mit astrologischen Überlegungen. Für ihn war die psycho-physische Einheit des menschlichen Körpers Voraussetzung seiner Diagnosen und Therapien. Die ebenfalls aus der ursprünglichen »Quintessenz« erschaffenen Menschen unterstehen zwangsläufig den gleichen Gesetzen wie das gesamte Weltall. Zerfällt die psycho-physische Einheit, kehrt der »elementare« Leib zur Erde zurück, der »siderisch-astrale« Leib zum Ursprung, seiner himmlischen Heimat.

6 C. G. Jung, *Psychologische Typen,* S. 255, Bd. 6 der Gesammelten Werke von C. G. Jung, Olten 1971.

7 C. G. Jung, *Psychologische Typen,* S. 181, op. cit.

8 Platon sah in den Tierkreiszeichen die Spiegelung der Urkräfte der Schöpfung, den Dodekatheoi, deren Stütz- und Mittelpunkt die Erde war. So wurde, was als astronomische Tatsache irrelevant war, bedeutungsvoll als astrologische Voraussetzung.

9 Einen der verläßlichsten »Ariadnefäden« finden wir im Gesetz der Entsprechung, in jenem Inhalt, den uns die Smaragdinische Tafel nennt: Alles ist mit allem verbunden. Das Wunder des Ureinen setzt sich fort in der Ureinheit des kosmischen Alls, das in der unendlichen Vielfalt der Formen, der Beziehungen und der Ausmaße das Unterschiedene im Gleichen und das Gleiche im Unterschiedenen bezeugt.

10 Telauges, der jüngste Sohn des Pythagoras, arbeitete ein ihm von seinem Vater überkommenes Manuskript über Zahlmystik um in eine »Zahlen-Theologie«. Doch ist hier bereits das Zahlenspiel dominant; die Assoziationen und Symbolgehalte treten zurück. Bei Pythagoras selbst

finden sich jedoch folgende Bedeutungen (in: Eduard Baltzer, *Pythagoras, der Weise von Samos,* Heilbronn 1983; reprografischer Nachdruck der Ausgabe Nordhausen 1868):

1. M o n a s, der Geist, der Aether, das Einfache aus dem Alles entsteht, die Aktivität. (*Kneph – Ammon,* egypt.-griech.).
2. D y a s, der Stoff, die Zweiheit, weil aus Erde und Wasser bestehend, die Passivität. (*Neith – Athene*).
3. T r i a s, die Zeit, männlich gedacht als der Zeitgott, der dreifaltige (Vergangenheit, Gegenwart, Zukunft) Allmächtige. (*Sevech – Chronos*).
4. T e t r a s, der Raum, weiblich gedacht, passiv, die Weltordnung. (*Pascht – Dike – Adrastea*).
5. P e n t a s, die fünf Elemente der Welt.
6. H e x a s, die Sechsheit, nemlich die sechs Gattungen beseelter (belebter) Wesen: Götter, Dämonen, Heroen, Menschen, Thiere, Pflanzen.
7. H e p t a s, die sieben Planeten (die bekannten fünfe mit Einschluß von Sonne und Mond).
8. O k t a s, die acht Firmamente oder Sphären, die Octave nach Intervallen der Tonleiter geordnet, nemlich die sieben durchsichtigen Planeten-Sphären, und die undurchsichtige Fixstern-Sphäre (die Sphärenharmonie ist daher ein mathematisch-kosmischer Begriff, nicht ein akustischer).
9. E n n e a s, die neun kosmischen Räume, in welche das All durch die acht Sphären geschieden wird.
10. D e k a s, das All. Weiter als zur Zehnheit geht nach Aristoteles ausdrücklicher Angabe die pythagoreische Zahlensymbolik nicht.«

11 Es ist nicht nötig, den Computer als solchen zu »verteufeln«; es wäre unangemessen. Die Gefahr liegt in einer anderen Maschinerie, einer unangemessenen Überbewertung der Leistung, die ein Computer vollbringen kann, mag sie, kapazitativ auf Quantität bezogen, auch menschliche Leistung weit übertreffen. Arrangieren wir uns allerdings vorschnell mit dieser bedingten Überlegenheit, treten wir Verantwortung ab und konstruieren uns selbst einen Konkurrenten, den wir fürchten müssen.

185

12 Die ägyptische Magie war das Rückgrat einer Theokratie, die ihre Autorität jahrtausendelang wahrte.

13 *Sargtext* 330; nach d. Übers. von R. Clark, in: E. Hornung: *Der Eine und die Vielen,* S. 142, Darmstadt 1973.

14 Die zehn Gebote des Alten Testaments haben die ethisch-religiösen unserer Zivilisation maßgeblich beeinflußt. Moses meißelte sie auf einer Steintafel ein. *Tafel* begegnet in der esoterischen Überlieferung in unterschiedlichstem Zusammenhang immer wieder, und immer ist mit ihr der Hinweis auf eine Art spirituellen Zentrums gegeben. Dies trifft für die Tafel des Abendmahles zu, für die Tafel des Königs Artus oder auch für die Tafel des Islam, auf der, so heißt es, Gott das Schicksal der Menschen eintrug. Eine runde Tafel symbolisiert die Welt, eine rechteckige das göttliche Gesetz, das sich in der Welt offenbart. Insofern läßt sich durchaus eine Beziehung herstellen zwischen einer Tafel, um die man sich versammelt, und einer Tafel, auf der man schreibt.

15 Pythagoras erhob die Musik zu einer mathematischen Wissenschaft, die theoretische Musik ist für ihn die auf das Ohr angewendete Musik. Denken wir an die Läuterung durch Musik im kirchlichen Ritual.

16 Hermann Diels, *Die Fragmente der Vorsokratiker,* nach der von W. Kranz hg. 8. Aufl., Hamburg 1957, S. 63.

17 Op. cit., S. 27.

18 Al-Gazali (1059 – 1111), bedeutender islamischer Theologe (anfangs Sufi) und Philosoph, vermerkt vier Hindernisse, die zu beseitigen und vier Wege, die zu beschreiten seien: Die vier Hindernisse sind der Wille zu überzeugen, die Unnatürlichkeit, die Schmeichelei und die Bestechlichkeit; die vier Wege führen über das Gottvertrauen, die Brüderlichkeit, die Fortschrittlichkeit und die Genügsamkeit.

Weitere Bücher aus dem Aurum Verlag

Frédéric Lionel
DIE ENTSCHEIDUNG
Schicksalsfall Lionel
Geleitwort von Sir George Trevelyan.
184 S., ill. Vorsatz, geb.
ISBN 3-591-08220-1

Zufall oder Fügung? Dies ist die wesentliche Frage, die Frédéric Lionel nicht losließ. Sein Leben hat entschieden. Sein Leben ist diese Entscheidung.

War die einschneidende, ungewöhnliche Begegnung mit einem außergewöhnlichen Menschen mitten in den Wirren des letzten Weltkrieges dem Zufall zuzuschreiben, oder entsprach sie einer »überweltlichen« Logik? Eines ist gewiß, sie löste eine Wandlung aus, mit deren Dynamik das Unwahrscheinlichste Wirklichkeit wurde.

DIE ENTSCHEIDUNG Frédéric Lionels – diese die Kriegsjahre 1940 bis 1944 umfassende autobiographische Erzählung – liest sich wie ein Abenteuerroman. Zugleich aber führt der Autor dem Leser exemplarisch vor Augen, daß wahre Erkenntnis, der wir uns allzuoft nur aus Angst verschließen, zuallererst das Wunder vollbringt, ohne Angst zu sein. Und handlungsfähig im eigentlichen Sinne sind wir nur ohne Angst: Dann kann unser Geist Berge versetzen.

Muß es nun das unerbittliche Schicksal sein, das uns früher oder später zwingt, zu dieser Erkenntnis zu gelangen, oder ist es denkbar, auch bereits im Alltag den Weg zur inneren Reife zu beschreiten? Wenn dies so ist, wären Begegnungen und Ereignisse Wegweiser auf den Wegen des Daseins eines jeden von uns. Außergewöhnliche Umstände sind dann der Beweis, daß die richtige Entscheidung die Lösung auch der schmerzlichsten Probleme zur Folge hat. Dann sind wir der Meister, nicht der Sklave unseres Schicksals.

»Es ist immer wesentlich zu erkennen, daß tiefgehende Erfahrung eine Verwandlungskraft in sich birgt.« *Karlfried Graf Dürckheim*

AURUM VERLAG · FREIBURG IM BREISGAU

Weitere Bücher aus dem Aurum Verlag

Frédéric Lionel
DAS SPIEL DER SPIELE – TAROT
– Initiation und Schaltsymbolik des Schicksals –
208 S., mit 22 farbigen Spielkarten, geb.
ISBN 3-591-08179-5

Dieses Buch überrascht den Leser mit seiner tiefgründigen Ausdeutung des Tarot und erleichtert dem einzelnen die persönliche Erfahrung durch genaue praktische Anleitungen. Initiation und Schaltsymbolik des Schicksals werden hier zu einem Spiel und zugleich zu Wirklichkeit – einem Spiel mit der Erkenntnis. Jeder Spieler bringt Licht ins Dunkel seines Selbst, jeder Spieler »spielt« um seine Zukunft. Ein niedrigerer Einsatz ist nicht möglich und ein verlorenes Spiel nicht gegeben. Denn wer sich ins Spiel bringt, hat gewonnen. DAS SPIEL DER SPIELE – TAROT ist ein kosmologischer »Fortsetzungsroman«. Der Leser ist Protagonist; er wird das Ende bestimmen. Uralte ägyptische Weisheit machte den Anfang, kosmische Universalität bestritt die Rahmenhandlung. Die Mutprobe der Initiation nimmt Gestalt an. Was sich als geistige Therapie für die Leiden und Ängste der Menschheit in Mythen und Symbolen zurückgewann, wird nun zu einem voll verfügbaren Erkenntnisinstrument transpersonaler Psychologie. DAS SPIEL DER SPIELE – TAROT – zeitlos, modern, authentisch. Die Tiefendimensionen dieser ältesten Wahrsagekunst kann nur eine symbolische Grafik retten, die im Sinne der Tiefenpsychologie C. G. Jungs das Unbewußte gerade nicht als psychischen Faktor immunisiert, sondern offen und wandlungsfähig hält in seiner immer lebendigen Kreativität. Erkenntnis mischte einst die Karten, Selbsterkenntnis hebt ab – zu einem neuen kosmischen Abenteuer für jeden, der das Spiel wagt. Das Spiel beginnt – mit dieser Karte. Und tat es doch bereits. Denn »der Mensch trägt immer seine ganze Geschichte und die der Menschheit mit sich« (C. G. Jung).

AURUM VERLAG · FREIBURG IM BREISGAU

Weitere Bücher aus dem Aurum Verlag

Michel Gauquelin
DIE WAHRHEIT DER ASTROLOGIE
Aus dem Englischen von Angela Krause.
Ca. 208 S., mit Tabellen, Diagrammen, Bibliogr., kart. cell.
ISBN 3-591-08243-0

Die Sterne lügen nicht, in keinem Fall und in keinem der Fälle, die
hier zu Tausenden ein Experiment eingingen.

Astrologie – seit eh und je im Kreuzfeuer von Pro und Contra,
gewinnt an Boden und beileibe nicht, weil's zum Trend unserer Tage
gehörte. Der Autor stand einst auf gegnerischer Seite, doch nicht
unkritisch. Und gerade die systematischen Recherchen zur Absiche-
rung eigener Vorbehalte ließen ihn revidieren; diese Ergebnisse seiner Revision sind heute wissenschaftlich nachprüfbar.»Es ist unbe-
stritten, daß die Arbeiten der Gauquelins für wissenschaftliche
Genauigkeit stehen und den Vergleich mit den besten psychologi-
schen, psychiatrischen, soziologischen oder sonstigen sozial-
wissenschaftlichen Untersuchungen nicht zu scheuen brauchen«
(H.-J. Eysenck und D. K. Nias).
So wie hier wurden Thesen wie Hypothesen der Astrologie noch nie
unter die Lupe genommen. Was hat es mit dem Einfluß der Tierkreiszeichen auf sich, wie sind astrale Einflüsse erklärbar, welche Beziehung besteht zwischen Vererbung und planetarischen Wirkungen?
All diese Fragen gewinnen mit dem immensen, über Jahrzehnte hin-
weg erarbeiteten Untersuchungsmaterial des Autors nicht nur an pra-
xisbezogenem Terrain; die Untersuchungsmethoden und das Daten-
material Michel Gauquelins erhalten eigentliche Tragweite mit ihrem
konkreten Kontakt zur Legende der Jahrtausende, mit ihrer Mittler-
funktion zwischen Skepsis und Leichtgläubigkeit und damit der Korrektur unzureichenden Urteilsvermögens.

AURUM VERLAG · FREIBURG IM BREISGAU

ASTROLOGIE IM AURUM VERLAG

Françoise Gauquelin: PSYCHOLOGIE DER PLANETEN. *Astrologie und Persönlichkeit.* PSI-Reihe, Bd. 2. Ca. 108 S., mit Ill., Diagr. u. Tab., kart. ISBN 3-591-08209-0

Michel Gauquelin: DIE WAHRHEIT DER ASTROLOGIE. Aus dem Engl. von Angela Krause. Ca. 208 S., mit Tab., Diagr., Bibliogr., kart. cell. ISBN 3-591-08243-0

Peter Niehenke: KRITISCHE ASTROLOGIE. *Zur erkenntnistheoretischen und empirisch-psychologischen Prüfung ihres Anspruchs.* Ca. 240 S., mit 4 S/w-Abb., Bibliogr., Reg., kart. cell. ISBN 3-591-08252-X

Thomas Ring: ASTROLOGIE NEU GESEHEN. *Der Kosmos in uns.* 2. Aufl., 112 S., 7 Zeichnungen, Pers.-Reg., geb. ISBN 3-591-08034-9

Thomas Ring: EXISTENZ UND WESEN IN KOSMOLOGISCHER SICHT. 252 S., 34 Abb., Reg., Ln. ISBN 3-591-08017-9

Thomas Ring: GENIUS UND DÄMON. *Strukturbilder schöpferischer Menschen.* 512 S., 81 Abb., Bibliogr., Reg., geb. ISBN 3-591-08153-1

Thomas Ring: DAS GRUNDGEFÜGE. *Die Stellung des Menschen in Natur und Kosmos.* Nachwort von Erp Ring. 200 S., mit 1 Zeichnung d. Aut. u. 5 Abb., Bibliogr., Pers.-Reg., geb. ISBN 3-591-08228-7

Nikolaus von Sementowsky-Kurilo: ASTROLOGIE. *Schicksal im Sternspiegel.* 440 S., 16 Abb., Tab., Deutungsbeispiele und Schemata zum Selbstausfüllen, geb. ISBN 3-591-08091-8

Roberto Sicuteri: ASTROLOGIE UND MYTHOS. *Mythen und Symbole des Tierkreises im Spiegel der Tiefenpsychologie.* Aus dem Italienischen von Alexandra Tormay-Marsano. 232 S., Bibliogr., geb. ISBN 3-591-08160-4

Olga von Ungern-Sternberg: GRUNDLAGEN KOSMISCHEN ICH-BEWUSSTSEINS. *Die seelengestaltende Macht des Tierkreises im Heraklesmythos.* 192 S., 31 Abb., geb. ISBN 3-591-08044-6

AURUM VERLAG · FREIBURG IM BREISGAU